Duerme Profundamente esta Noche

I0880535

Duerme Profundamente esta Noche

250 formas sencillas y naturales para evitar el insomnio

Barbara L. Heller

Grupo Editorial Tomo, S. A. de C. V.
Nicolás San Juan 1043
03100 México, D. F.

1a. edición, octubre 2002.

How to Sleep Soundly Tonight!
Copyright © 2001 por Barbara Heller
Originalmente publicado por Storey Publishing, LLC.
U.S.A

© 2002, Grupo Editorial Tomo, S.A. de C.V.
Nicolás San Juan 1043, Col. Del Valle
03100 México, D.F.
Tels. 5575-6615, 5575-8701 y 5575-0186
Fax. 5575-6695
http://www.grupotomo.com.mx
ISBN: 970-666-582-X
Miembro de la Cámara Nacional
de la Industria Editorial No. 2961

Traducción: Luis Miguel Nieto
Diseño de portada: Trilce Romero
Supervisor de producción: Leonardo Figueroa

Derechos reservados conforme a la ley.
Las características tipográficas y de edición de esta obra son propiedad del editor. Se prohibe su reproducción parcial o total sin autorización por escrito de la editorial.
Este libro se publicó conforme al contrato establecido entre Storey Publishing, LLC. y Grupo Editorial Tomo, S.A. de C.V.

Impreso en México - *Printed in Mexico*

Contenido

— A mi hija, Rebecca —

Agradecimientos

Un agradecimiento sincero a mi maravilloso círculo de seguidores: Phyllis Heller, Paula Kephart, Susan Maguire, Suzanne Massa, Zach Rosen, Barbara Ruchames, Bob Ruchames, Tess Taft e Irene Zahava. Aprecio su amistad y ayuda generosa. Gracias también a Gretchen Adams, Melissa Collins, Jessie Eisenberg, Kathy Grandison, Kristen Stiles y Janet Wilson por sus sugerencias. Me encantan las bibliotecas públicas y valoro en alto grado el apoyo entusiasta del personal para referencias de la Biblioteca Pública de Binghamton, y a mi bibliotecaria local, amistosa y servicial, Ramona Bogart, en la Biblioteca Gratuita de Afton.

Estoy en deuda con todos aquellos que han compartido sus retos para dormir conmigo en psicoterapia, durante talleres y por medio de la encuesta "Mujeres que comparten historias de sueño". También he aprendido muchísimo del trabajo escrito del investigador pionero del sueño y educador Dr. William Dement.

Gracias a todo el equipo de Storey, en especial a mis editores, Deborah Balmuth y Karen Levy.

Eterna gratitud para mi familia, para mi compañero de sueño, Alan, y para mi hija Rebecca. Aun cuando ha sido un verano con muchos retos, siempre recordaré cuántas veces leyeron el manuscrito. Aprecio su amor y apoyo.

Prefacio

Una noche de sueño vivificante es uno de los placeres más dulces de la vida. El sueño profundo y reparador proporciona las bases para nuestra activa vida y nos da energía para apreciar las ocasiones alegres. De manera simple, dormir bien nos prepara para tener días grandiosos.

Como psicoterapeuta y educadora durante 20 años, he hablado con muchos pacientes con problemas de sueño, estudiantes, colegas y amigos. Yo también he tenido periodos en los que no duermo bien y sé que la mayoría de los problemas de sueño producto del estrés, los viajes, la enfermedad o los cambios físicos son temporales. Para el insomnio ocasional o periódico, las estrategias de autoayuda pueden brindar alivio.

Este libro incluye sumarios de investigación actual y sugerencias sobre cómo dormir bien:

★ Identifica obstáculos físicos y culturales para el sueño
★ Cambia tus actitudes negativas acerca del sueño
★ Determina tus propios problemas para dormir
★ Conoce hábitos que mejoran el sueño
★ Crea un ambiente que invite a dormir

- ★ Aprende a relajarte con respiración profunda, meditación, yoga, visualización y otras técnicas relajantes
- ★ Descubre sedantes naturales con hierbas u homeopatía
- ★ Disfruta recetas para baños tranquilizantes con hierbas, almohadas para dormir y sprays para habitación
- ★ Decide si debes o no consultar a un profesional

¿Qué puedes perder? Sin duda no más que tu sueño ligero. ¿Y qué puedes ganar? Un sueño profundo y reparador, y la salud y energía que éste produce. Con este libro en tu mesa de noche, dormirás bien cada noche.

Barbara L. Heller,
maestra en trabajo social

1

Cómo y por qué dormir

Si escucharas de un nuevo producto que garantizara mejor salud y productividad, ¿lo comprarías? Si el gimnasio local promocionara clases de ejercicio que aseguraran mejorar el ánimo y comportamiento, ¿te inscribirías? Bueno, existe una actividad que puede practicarse casi en cualquier parte y sin costo alguno; que puede brindar estos beneficios y más. La actividad es *dormir* y puede recompensarte con mejor salud y energía, así como con una perspectiva fresca.

El sueño es la función fisiológica que ayuda a alimentar mente, cuerpo y alma. Es esencial para la salud y el ánimo. Durante él, experimentamos la consolidación de la memoria y la restauración y crecimiento físicos. El sueño también nos ayuda a recuperarnos de enfermedades y mejora nuestra resistencia ante ellas.

El sueño profundo puede mejorar mucho nuestra vida diaria. Cuando despertamos de un sueño reparador y placentero, nos sentimos renovados y listos para enfrentar el nuevo día. Además, estar bien descansado eleva el ánimo, la capacidad de aprender y la habilidad para resolver conflictos. También incrementa la capacidad de comunicación, la creatividad y la concentración. Cuando elevamos la calidad de nuestro sueño, envejecemos con más gracia.

"La gente no puede sobrevivir mucho sin aire, agua o sueño",

Thomas Szasz, D.M.

Haz del sueño una estrella

¡Duerme más! Esto no suele ser una petición repetitiva ni tema de fantasías. Si bien otra actividad de alcoba recibe más presión, dormir mejor te da más energía, mejora tu ánimo, te hace menos propenso a accidentes, menos irritable, y aumenta tu tiempo de vida. Es posible que esos beneficios también te hagan sentir más romántico.

¿Cuánto es suficiente?

Si todos los días duermes lo suficiente:

- ★ No necesitas depender de la alarma de un reloj para despertar.
- ★ Te sientes descansado y alerta.
- ★ No dormitas al ver televisión ni al sentarte a leer.
- ★ No te quedas dormido en lugares públicos, como en el cine o en clase.
- ★ No te adormilas en el automóvil, seas conductor o pasajero.
- ★ El cansancio no interfiere con tus actividades cotidianas.

A menudo damos por sentado el sueño. Es sólo cuando hemos dormido mal que la gente a nuestro alrededor se dan cuenta. Familiares, amigos o compañeros de trabajo pueden comentar "parece que te levantaste del lado equivocado de la cama". En algunos círculos, estar exhausto se lleva como una placa de honor.

La Comisión Nacional para los Trastornos de Sueño asegura que "en Estados Unidos se duerme mal, lo que tiene serias consecuencias". La falta de sueño disminuye la productividad, la efectividad, la concentración, la habilidad para tomar decisiones y la inmunidad fisiológica. Dormir mal de manera constante puede incrementar la gravedad de la diabetes, la obesidad, la hipertensión y los trastornos relacionados con la edad. La somnolencia ha estado implicada en accidentes en tierra, en aire, en hospitales y en plantas de energía nuclear. Cuando la falta de sueño se combina con conducir, los resultados pueden ser tan peligrosos y fatales como conducir en estado de ebriedad.

Por otro lado, el sueño profundo proporciona beneficios físicos, psicológicos, y espirituales. William Dement, doctor en medicina y filosofía, una autoridad eminente en el sueño y sus trastornos, afirma que "se ha probado empíricamente que el sueño es el determinante aislado más importante para predecir la longevidad, más influyente que la dieta, el ejercicio o la herencia genética".

También es posible que el sueño sea crucial para el bienestar espiritual. Clark Strand, escritor y antiguo monje Zen, considera al sueño la número uno de siete prácticas que te ayudan a vivir más alegre todos los días. Dice que "el sueño es indispensable para la experiencia de 'suficiencia' en nuestra vida. Es la base de la conciencia clara durante el tiempo que se está despierto y determina más que ningún otro factor la calidad general de nuestros días". Da la mayor importancia a tu sueño y te preparará para un rendimiento estelar.

El ritmo del sueño

El Diccionario de la Herencia Americana define "sueño" como "un estado natural y periódico de descanso para la mente y el cuerpo, en el que los ojos suelen estar cerrados y la conciencia se pierde completa o parcialmente, con lo que hay una disminución en el movimiento del cuerpo y en la respuesta a estímulos externos". Aunque el adjetivo "soñoliento" se puede usar para expresar inactivo y eso puede parecer cierto para el que observa, el sueño es en realidad un estado activo.

Existen dos tipos básicos de sueño. El sueño con movimiento de ojos no rápido (MONR), como su nombre sugiere, se caracteriza por movimiento de ojos escaso o nulo. Los cambios físicos que ocurren durante el sueño MONR incluyen la respiración y latido cardiaco lentos. El sueño con MONR ocurre en cuatro etapas de profundidades progresivas. Cuando nos dormimos al principio, entramos en la etapa 1 de MONR. Pasamos el mayor periodo de nuestro sueño en la etapa 2 de MONR. Las últimas dos etapas de MONR, 3 y 4, marcan nuestros niveles más profundos de sueño pero son sólo el 20% del total de tiempo que dormimos.

El sueño con movimiento de ojos rápido (MOR) es cuando la mayor parte de los sueños se presenta. Está marcado por un cambio distintivo de los ojos que puede detectarse al ver la cara del durmiente. La mayoría de la gente experimenta de cuatro a seis periodos de MOR de duración ascendente en una noche específica. Por irónico que parezca, el sueño con MOR es la etapa de sueño más activa y también la más inactiva. La gente experimenta muchos cambios fisiológicos, como mayores presión sanguínea, pulso y respiración; erecciones, y un aumento en la temperatura corporal. Pero durante el sueño con MOR, los músculos se paralizan de manera temporal. Esta parálisis es una forma de autoprotección fisiológica del peligro y daño potenciales que podríamos sufrir si actuáramos nuestros sueños.

Existe un patrón rítmico para el sueño. Durante una noche normal, los adultos van en ciclos entre sueño con MOR y con MONR en patrones regulares. El sueño con MOR ocurre aproximadamente cada 90 minutos. Durante este ciclo la gente alcanza etapas más profundas de sueño con MONR y entonces, regresa a través de las etapas hasta llegar de nuevo a sueño con MOR.

El reloj biológico

Aunque carece de un cuadrante numerado y manecillas, un reloj biológico interno regula todas las funciones mayores del cuerpo. Un pequeño grupo de células cerebrales cerca de los nervios ópticos, junto con nuestro reloj biológico interno, orquestan las intrincadas conexiones cíclicas de temperatura, hormonas, ánimo, apetito, alerta y otras funciones fisiológicas.

"Comemos, pensamos, hacemos ejercicio, despertamos y dormimos mejor cuando seguimos el ritmo de nuestro reloj interno".

Dr. William Dement

Las actividades que este reloj gobierna siguen un patrón que toma alrededor de 24 horas y se denomina ritmo circadiano (derivado del latín *circa*, que significa alrededor, y *dian* o *dies*, que significa día). Los científicos se han dado cuenta de que el reloj interno tiene una tendencia a correr entre 10 minutos y más de una hora más allá de 24 horas. ¿Cuáles son las implicaciones de este horario? Nuestro reloj interno regula nuestro nivel de alerta, así que para estar sanos y atentos necesitamos coordinar nuestro reloj corporal con el reloj y calendario culturales. La luz es el factor externo que más influencia este ritmo natural.

La anticipación como reloj de alarma

¿Expresar tu intención de levantarte a las 6 AM te permite desechar tu sirena matutina? Algunas personas despiertan a una hora específica con sólo pensarlo. Investigadores alemanes notaron que sujetos que planeaban despertar a una hora específica experimentaron una llegada abrumadora de la hormona que lleva el tiempo una hora antes de su despertar planeado. Si intentas esto en casa, pon una alarma de respaldo 10 minutos después de la hora que decidas, en caso de que tu reloj interno no te despierte.

El cerebro también se basa en el contacto social, el horario de comidas y de sueño, y otras influencias exteriores para conservar un horario de 24 horas. La luz insuficiente y la falta de sueño pueden trastornar el ritmo circadiano. Las mejores formas para mantener la sincronía con el reloj interno son mantener horarios consistentes para dormir y tomar dosis diarias de luz de mañana y oscuridad de noche.

Tiempo óptimo

El campo relativamente nuevo de la cronoterapia se basa en la creencia de que podemos mejorar la salud al hacer que las intervenciones médicas coincidan con nuestros ritmos circadianos.

Los investigadores saben que hay momentos del día en que los humanos son más propensos a ciertas condiciones. Por ejemplo, más ataques cardiacos ocurren en la mañana que en otro momento del día. Quizá sea posible sincronizar los tratamientos médicos con nuestro reloj biológico para optimizar los efectos de las medicinas y los procedimientos clínicos.

La deuda nacional de sueño

"Puede tomar hasta el doble de tiempo realizar una tarea mental difícil cuando se está exhausto. Si quieres ser productivo mañana, dormir ocho horas hoy debe ser más importante que doblar esa última carga de ropa".

Cheryl Richardson, entrenadora personal y escritora

El adulto promedio necesita de siete a nueve horas de sueño para funcionar bien. Esto varía por edad, género y fisiología personal. Cerca de una tercera parte de los estadounidenses sólo duermen seis horas y media o menos. Sólo el 35% de los adultos duerme las ocho horas recomendadas o más cada noche durante la semana de trabajo. Ya que más del 50% de los estadounidenses se levantan a las 6 AM o antes, la hora de acostarse debería ser antes de las 10 PM. Escatimar en sueño es un desarrollo cultural reciente. Antes de la electricidad, la gente se levantaba al amanecer y se iba a dormir poco después del atardecer. Al inicio del siglo pasado, el estadounidense promedio dormía alrededor de nueve horas cada noche.

Una de las medidas más importantes del sueño adecuado es tu nivel de alerta durante el día. Los expertos acuerdan que la mayoría de las personas necesita de 40 a 90 minutos más sueño del que obtienen para estar en total alerta y para mejorar su salud general y rendimiento.

Cuando nuestros ciclos de sueño se reduce, ya sea fisiológicamente o por elección, padecemos esa falta de sueño. Los educadores del tema han acuñado el término "deuda de sueño" para describir como funciona la falta de sueño. "Cada persona tiene una cuenta bancaria personal de sueño", explica James Maas, doctor en filosofía, profesor de la Universidad de Cornell y autor de *Sueño poderoso.* "Cada que duermes es un depósito o un activo; cualquier hora despierto es un retiro o un débito.

"La mayoría de la gente necesita depositar cuando menos ocho horas de sueño en la cuenta para cancelar la deuda de sueño en la que se incurre por 16 horas de alerta continua". La deuda de sueño es acumulativa. Tratar de reponer el sueño perdido (al tratar de dormir más de dos horas más tarde que de costumbre) puede causar problemas posteriores.

El significado de los sueños

La mayoría de nosotros sueña dos horas cada noche. Nuestras películas interiores son ricas en imágenes y emociones mentales. A veces despertamos al borde de un sueño apenas tomados de la visión borrosa. Otras veces despertamos con el corazón apresurado y con imágenes de pesadilla. Algunas personas dicen que nunca sueñan, pero sí lo hacen, sólo que no lo recuerdan.

"Comes en sueños la natilla del día".

Alexander Pope

Alondras matutinas y búhos nocturnos

Las horas en que te duermes y despiertas son importantes. ¿Eres una "alondra matutina" o un "búho nocturno"? Las alondras funcionan mejor en la mañana mientras los búhos aún duermen; la hora óptima para los búhos, naturalmente, es la noche. Parece probable que las alondras hayan inspirado los proverbios "el ave matutina atrapa al gusano" y "dormirse temprano y temprano despertar, hacen al hombre sano, acaudalado y sabio". La investigación sugiere que sólo alrededor del 20% de la población está en algún extremo, pero es útil estar consciente de tus propias tendencias. ¿A qué hora del día estás más alerta? Usa ese tiempo para hacer tareas creativas o difíciles. Ocupa el resto del tiempo para actividades menos desafiantes.

¿Cuál es la función de estas ilusiones evasivas? A lo largo de la historia las culturas han buscado significados personales y colectivos para sus sueños. Varias teorías enfatizan el propósito de soñar como un medio para preservar el sueño, para revelar algo a nosotros mismos, para ocultar ideas de nuestra mente consciente, para solidificar la memoria y resolver problemas y para limpiar los desperdicios del día.

Función psicológica

Los sueños tienen una función psicológica. Son el "camino real al inconsciente", como Sigmund Freud escribió hace más de 100 años. Freud creía que el significado latente de los sueños se enfocaba en impulsos personales o "en la satisfacción imaginaria de deseos inconscientes" que con frecuencia eran sentimientos sexuales reprimidos. Carl Jung desarrolló la teoría de que los sueños se construyen no sólo con imágenes personales, sino también con arquetipos: los símbolos de un inconsciente colectivo más grande. Sus interpretaciones de los sueños partieron de la mitología, la religión, la espiritualidad y los símbolos culturales comunes.

Función fisiológica

Soñar también tiene una función fisiológica. Los neurocientíficos modernos postulan que los sueños son resultado de descargas fortuitas de neuronas. Durante el estado de sueño, nos deshacemos de recuerdos innecesarios; en esencia, el soñar actúa como un mecanismo cerebral de autolimpieza. Cuanto más estudio, aprendizaje y resolución de problemas hacemos durante el día, más tiempo pasamos en sueño con MOR y más soñamos. Los niños pequeños usan una gran parte de su tiempo de sueño en la etapa de MOR. Un estudio de gente mayor reveló que aquellos que tienen más tiempo MOR también tienen las mentes más activas y la mejor memoria.

"Recuerdo mis sueños cada mañana, pero si no los escribo, se van volando. Regresan a su propio mundo".

Amy Tan, escritora

Penetración y entendimiento

¿Crees que los sueños te pueden ayudar a entender mejor la vida y el mundo que te rodea? Si es así, puedes usar tus sueños como trampolín para explorar tu interior. Gayle Delaney, doctora en filosofía, autora de *Todo acerca de los sueños*, pregunta "¿qué aplicaciones puedes dar a los conceptos que has obtenido al observar las metáforas de tus sueños que se relacionan con tu vida?"

¿Pueden los sueños predecir el futuro?

Algunos practicantes de mente/cuerpo creen que los sueños pueden ser una señal de advertencia de la enfermedad. Un estudio ruso encontró que los sueños a veces muestran un mal antes del diagnóstico. Pero los sueños de enfermedades también pueden ser un signo de ansiedad. En su libro *La promesa de dormir*, el Dr. William Demente relata un ejemplo personal vívido. Él soñó que le diagnosticaban cáncer de pulmón. En ese momento fumaba muchos cigarrillos y el sueño fue su impulso para dejar de fumar. Para el Dr. Dement, el sueño predijo un desenlace probable pero no seguro.
Él ahora cree que el sueño le dio una segunda oportunidad de vida.

"Creo que todo impulso creativo que tiene un escritor o artista de cualquier tipo proviene del oscuro y viejo país del que vienen los sueños".

Anne Rivers Siddons

2

Cómo cambia el sueño con el paso del tiempo

A lo largo de la vida enfrentamos diferentes retos de sueño. El género, la edad, las responsabilidades e incluso la época del año pueden afectar el sueño. Los niños y los bebés experimentan los periodos más largos y profundos de sueño. Cuando se acerca la adolescencia, un creciente número de obstáculos culturales y físicos trastornan el sueño.

Las exigencias diarias en la escuela, el trabajo y el hogar aumentan conforme crecemos y parecen conspirar contra nuestra intención de dormir toda la noche. El sueño de la mujer puede afectarse por las fluctuaciones hormonales durante los años reproductivos. Los hombres y mujeres maduros experimentan cambios fisiológicos y culturales que hacen más difícil el sueño consistente.

Cómo dormir a los niños

Los bebés sin duda duermen mucho, pero no siempre cuando los padres quieren. El recién nacido promedio duerme de 15 a 20 horas en un ciclo de 24 horas. A menudo ese sueño se interrumpe por espacios de dos a cuatro horas. Vicky Lansky, en su libro *Cómo hacer que tu niño duerma*, explica que durante los primeros seis meses de vida de un bebé, los patrones de sueño son un reflejo del desarrollo biológico. En palabras simples, los niños duermen cuando están cansados y despiertan cuando tienen hambre.

Pero, sus patrones de sueño y sus dificultades, como despertar en la tarde, mojar la cama y tener pesadillas, tienen más efecto en quienes los cuidan. Lansky continúa para dar seguridad a los padres, "que tu hijo duerma mucho o poco no es un reflejo de tu destreza como padre ni de la bondad del bebé. Trata de no equiparar sueño con felicidad o superioridad".

Luz nocturna

La recomendabilidad de la vieja herramienta paternal contra el miedo a la noche, la luz nocturna, está en duda. Un estudio preliminar realizado en la Universidad de Pennsylvania concluyó que los niños pequeños que se exponen a la luz mientras duermen son cinco veces más propensos a desarrollar la miopía que los que duermen en la oscuridad.

Si bien dos estudios posteriores fueron incapaces de duplicar estos resultados, los investigadores señalan que los estudios animales han probado la existencia de un vínculo entre el desarrollo ocular y los ciclos de luz y oscuridad. Por lo tanto, algunos expertos recomiendan a los padres disminuir la exposición de sus hijos a la luz artificial por la noche.

Los patrones de sueño de los niños cambian con el tiempo, así como la necesidad de dormir disminuye poco a poco. Los niños pequeños duermen de 10 a 12 horas cada noche; esta cantidad se reduce cuando dejan de tomar siestas durante el día. Los padres deben entender y adaptarse a estas fases. También puedes mejorar el sueño de tu hijo (así como el tuyo) al darle un ambiente que induzca a dormir y reforzar los hábitos nocturnos positivos.

Padres caseros

Si estás en casa con los niños durante el día, toma una siesta cuando ellos lo hacen. No uses ese tiempo para avanzar en tus tareas. Si lo haces, sólo acabarás exhausto al final del día.

Relaja, no estimules

¿A tu bebé le gusta Bach? La música es un refuerzo mágico para padres con hijos irritables. Las canciones de cuna relajan al bebé y a quien los cuida. Suple esas simples canciones con composiciones clásicas y con grabaciones de las olas del océano y otros sonidos de la naturaleza para invitar a tu hijo a dormir. Muchas unidades neonatales tocan cintas de canciones de cuna mejoradas con el sonido de latidos humanos para calmar a los niños que lloran y dormirlos.

Por otro lado, la televisión puede ser estimulante. Los niños que ven mucha TV, sobre todo antes de dormir, son más propensos a resistirse a ir a dormir y a mostrar más trastornos de sueño. El director de Estudios de la Universidad de Brown, Judith Owens, doctora en medicina y maestra en salud pública, dice que "muchos padres no hilan las cosas. Piensan que sí la TV calma a los adultos, también a los niños. Un poco de televisión en la tarde está bien, pero no lo hagas parte de la rutina antes de dormir". La música alta, la interacción con hermanos más grandes y activos, y el uso de la computadora también debe limitarse.

"Adiós, querido hijo. Te deseo buen sueño y buena digestión. No conozco nada mejor que desear para la gente que quiero".

Louise Honorine de Choiseul, escritor francés del siglo XVIII

Establece rutinas nocturnas

Daniel el Travieso, el niño de los cómics, una vez se quejó: "El que tenga sueño no significa que me quiera ir a dormir". Los niños no equiparan el cansancio con el sueño; los adultos deben enseñarles a hacer la asociación. A lo largo de toda la infancia, la hora de dormir puede ser un momento relajante y tranquilo tanto para padres como para hijos, además de un momento especial para estar juntos. Esperar una rutina nocturna ayuda a los niños a prepararse para dormir. Los expertos están de acuerdo en que saber lo que sucederá hace la vida de los niños más manejable. Darle un baño, luego contarle un cuento o leerle un libro, y después acurrucarlo con una cómoda compañía, como su oso de peluche o manta favorita, ayudará a tu hijo a dormir toda la noche.

Sin embargo, el tiempo después de las "últimas" buenas noches a menudo resulta una pesadilla. ¿Cómo debo responder a la tercera súplica de un niño de "quiero otro vaso de agua"? Los investigadores en pediatría recomiendan una técnica de comportamiento para enfrentar este frustrante hábito con efectividad. A los niños se les entrega un "pase" para un vaso de agua o un viaje al baño después de apagar las luces. Establecer límites y reglas claras en un contexto de amor y comprensión ayudará a hacer la noche más placentera para todos.

Adolescentes cansados

Los adolescentes tienen la deuda más grande, quiero decir deuda de sueño. Durante estos años, las elecciones del estilo de vida suelen competir con las necesidades fisiológicas. La pérdida de sueño afecta el aprendizaje y rendimiento académico de los adolescentes. Los estudios muestran que para funcionar bien, ellos necesitan dormir de nueve a 10 horas cada noche, mientras el promedio es de seis. Es importante para padres y maestros observar que cuando los adolescentes "se quedan dormidos", en general no es porque sean flojos. Necesitan horas extra para recuperar energía. La Fundación Nacional del Sueño reporta que el 60% de los niños menores de 18 años se quejan de sentirse cansados durante el día.

Los patrones de sueño de los adolescentes son biológicos, no sólo culturales. Se estima que entre ocho y nueve de cada 10 jóvenes son búhos nocturnos. Investigadores del sueño dicen que los adolescentes experimentan un cambio fisiológico natural en su ritmo circadiano de un reloj interno con una fase de retraso. Aunque puedan estar cansados durante el día, su capacidad para dormir se apaga alrededor de las 7:30 PM y no se vuelve a encender durante horas. Esto significa que el horario del búho nocturno que el adolescente promedio desea, tiene un fundamento fisiológico.

Los jóvenes a menudo tratan de recuperar el sueño perdido durante el fin de semana, pero este hábito tiene un lado negativo. Despertar dos o tres horas más tarde el sábado y el domingo del horario común de la semana puede hacer más difícil volver a la rutina de los días de escuela.

Los horarios escolares también están en conflicto con el ritmo de sueño natural de los adolescentes. Más de un estudio ha mostrado que los adolescentes que entran a la escuela dos horas más tarde de lo normal hacen mejores exámenes. Los distritos escolares que tienen horarios de entrada más tarde reportan mejores calificaciones y menos problemas de disciplina. Además, la falta de sueño incrementa las posibilidades de los adolescentes de tener accidentes de automóvil y puede predisponerlos a trastornos de sueño. Más aún, la investigación muestra que los jóvenes con falta de sueño están más propensos a consumir drogas o a tener comportamientos agresivos.

Cuando agregamos la tendencia natural de búho nocturno de los adolescentes a un increíble conjunto de actividades que compiten por su atención, entendemos por qué tratan de dormir menos. Muchos de ellos hacen malabares con un horario completo de escuela, tarea, trabajo de medio tiempo, deportes y otras actividades extracurriculares.

Los hogares también están llenos de tentadores juegos y actividades. Quizá en el pasado los niños pasaban unos cuantos minutos en la noche con un libro y una lámpara debajo de las cobijas; ahora tienen alternativas de alta tecnología. Más de un padre ha "cachado" a su hijo "chateando" por Internet a deshoras. La Fundación Nacional del Sueño advierte que estudiar y jugar en la computadora antes de dormir es estimulante, igual que tratar de dormir con una computadora o una televisión prendida en la habitación. Por lo tanto, los padres pueden necesitar establecer límites por el bien de sus hijos.

"¿A quién no le gusta dormirse con la lluvia pegando en el techo y el viento frotando las paredes exteriores, mientras uno se encuentra seco y cálido en una cómoda cama?"

Sena Jeter Naslund, esposa de Ahab

Jack y Jill se fueron... a dormir

Los ciclos nocturnos de sueño MOR y MONR son similares en ambos sexos, pero mujeres y hombres están propensos a diferentes retos de sueño. Algunos expertos creen que las mujeres necesitan dormir más que los hombres. "Si un hombre y una mujer llevan los mismos horarios, es probable que a la mujer le falte sueño", dicen Allen Frances y Michael B. First, doctores en medicina y autores de *Tu salud mental: una guía secular a la biblia del psiquiatra.*

Las mujeres tienen el doble de dificultad que el hombre para conciliar el sueño o permanecer dormidas, y un porcentaje mayor de mujeres informan no sentirse descansadas al despertar. Ya sea joven, madre o anciana, una mujer puede tener problemas de sueño debido a los cambios hormonales.

Más de la mitad de las mujeres que respondieron a una encuesta nacional informaron tener interrupciones de sueño por lo menos dos o tres días en cada ciclo menstrual. De acuerdo con la misma encuesta, los síntomas premenstruales alteraron el sueño, por lo menos del 25% de las mujeres, en la semana anterior a su periodo.

El embarazo es una experiencia muy agotadora. Casi el 80% de las mujeres embarazadas se quejan de que su sueño es peor que antes del embarazo. El malestar matutino, los calambres de piernas, la acidez, el incremento del tamaño del feto y su movimiento, interfieren con el sueño. La falta de sueño parece ser la preparación para cuidar a un recién nacido: una nueva madre puede perder hasta 700 horas de sueño antes del primer cumpleaños de su bebé.

La menopausia presenta sus propios conflictos para dormir. Los fluctuantes niveles de estrógeno alteran la temperatura interna de la mujer. Los bochornos y su equivalente al dormir, el sudor nocturno, atacan a muchas mujeres en esta etapa. Los bochornos seguidos de escalofríos después de que el sudor se evapora pueden despertar a la mujer durante la noche; puede ser necesario tener que cambiar el camisón o la pijama mojados. Los cambios de ánimo y las palpitaciones también pueden mantener despierta a la mujer en esta fase.

Comparados con las mujeres, los hombres roncan más y son ocho veces más propensos a desarrollar apnea, un serio trastorno del sueño asociado con un riesgo mayor de ataque cardiaco.

Los problemas de próstata, comunes en los hombres maduros, contribuyen a que se despierten más veces a orinar por la noche. Los hombres también tienen una tasa mucho mayor de trastorno de comportamiento propio del sueño con MOR, un problema raro pero serio, en el que el durmiente actúa sus sueños y puede lastimar a los demás o a sí mismo.

Los padres de niños pequeños, las personas que cuidan a los ancianos y los padres inseguros, gente que trabaja fuera de casa y es responsable de la mayoría de las tareas domésticas, y aquellos individuos que trabajan en demasía pueden ser víctimas del aspecto cultural de la falta de sueño. Muchas personas, sobre todo mujeres, limitan el sueño en un intento por hacerlo todo.

Personas mayores con problemas para dormir

¿Cierto o falso? Los ciudadanos de mayor edad no necesitan dormir tanto como necesitaban cuando eran más jóvenes. La respuesta correcta es falso.

Es un mito que los ancianos no necesitan dormir tanto, pero es verdad que no parecen dormir lo mismo. ¿Por qué? La Fundación Americana para los Trastornos del Sueño dice que "el envejecimiento hace del sueño algo más frágil, incluso en personas mayores sanas". Si bien estas personas pueden tener menos exigencias en su tiempo, enfrentan obstáculos fisiológicos adicionales para dormir.

Los ancianos experimentan más sueño fragmentado. La persona promedio de 60 años despierta más de 20 veces cada noche; una persona joven, la mitad. Muchos de éstos son breves "microdespertares" de los que la persona no está consciente, pero que contribuyen a la fatiga durante el día. El Instituto Nacional de la Salud estima que las interrupciones del sueño afectan a más del 50% de las personas mayores de 65 años que viven en casa y a dos terceras partes de los ancianos que viven en instalaciones de cuidado de largo plazo.

Las personas mayores también duermen menos de manera profunda (etapas 3 y 4 del MONR). Además, los problemas de sueño son a menudo un efecto secundario de otras enfermedades y condiciones que se vuelven más comunes conforme envejecemos, como la artritis, osteoporosis, complicaciones de próstata, úlceras, acidez, dolor crónico, depresión y pesar.

Pero la buena noticia es que el sueño de estas personas puede ser más satisfactorio. Los encabezados de salud proclaman que "la psicoterapia supera a las píldoras para dormir en un estudio del insomnio en la edad avanzada". Un estudio importante que comparó el asesoramiento y las medicinas como tratamientos para el insomnio en las personas mayores de 65 años, encontró que la terapia cognoscitiva-conductual era la ayuda para dormir más efectiva.

"Desde el desayuno y a lo largo del día, en casa con mis amigos me quedo; pero cada noche voy al extranjero, lejos, hasta la tierra de los sueños".

Robert Louis Stevenson

La terapia se enfocó en hábitos básicos, como ir a dormir sólo cuando estás cansado, no ver televisión en la cama y levantarse a la misma hora todos los días. De manera sorpresiva, los que sólo participaron en las sesiones de asesoramiento de grupo tuvieron mayor mejoría en sus patrones de sueño que el grupo que recibió una combinación de medicamentos y asesoría. Estos resultados son muy significativos, ya que la mayoría de las prescripciones de medicamentos para dormir se da a personas mayores.

Los estudios han mostrado que estas personas pueden relajarse para dormir con aromaterapia, música y acupresión. El ejercicio diario también es importante. Una encuesta de Gallup en 1998 reveló que los jubilados activos tenían menos problemas para dormir que los que eran sedentarios. Además, muchos educadores del sueño animan a los ancianos a tomar siestas para completar las horas que duermen.

Temporadas de sueño

De la misma manera que los patrones de sueño cambian con el ciclo de vida, también varían según la temporada. El año nuevo puede traer propósitos, pero muchos de nosotros no tenemos la energía para apegarnos a ellos; estamos muy cansados de la limitada luz del día y de los efectos posteriores de los días festivos. La falta de luz solar afecta a algunas personas con tanta severidad, que desarrollan un trastorno afectivo de temporada, una forma de depresión clínica.

Ah, pero después, por fin llegan los cálidos días de primavera. El sueño puede atraerte hasta... el horario de ahorro de luz solar. Estadísticamente, lo que más afecta nuestro ciclo de sueño es adelantar los relojes una hora. Algunos análisis muestran un incremento en la tasa de muertes y accidentes de tráfico durante la semana posterior a la "pérdida de la hora". El cambio de horario también afecta de manera negativa los mercados bursátiles internacionales. El lunes siguiente al "adelanto de primavera", las bajas son de dos a cinco veces mayores que en un lunes normal.

Stanley Coren, en su libro *Ladrones del sueño*, da un argumento convincente cuando dice:

"60 minutos más en la cama parecen una inversión pequeña, pero está claro que en nuestro estado actual de deuda de sueño, pagan altos dividendos". Puedes cobrar la recompensa al planear dormir más la semana después de adelantar los relojes en primavera.

Después viene el buen verano, en el que la vida es fácil. Muchas personas se sienten con más energía y están activas más tiempo durante el periodo de más luz natural, pero otros pierden el sueño como resultado del calor y la humedad.

Dormir en las vacaciones puede ser delicioso, pero también puede complicarse por la necesidad de adaptarse a viajes y nuevos itinerarios.

El otoño completa el ciclo. Una vez más, reajustamos nuestros patrones de sueño para acomodar los horarios de escuela y trabajo. Si bien ganamos una hora de sueño cuando regresamos los relojes en otoño, nuestra energía puede menguar porque son más las horas de oscuridad.

Mucha gente también reporta una pérdida de sueño cuando empieza a prepararse para los días de fiesta.

Alergias de primavera

En la primavera, abundan las nuevas esperanzas y actividades, pero pueden ir acompañadas de nuevos alergenos. Las alergias de temporada y las medicinas para tratarlas pueden robarnos sueño. Los remedios para alergias pueden contener antihistamínicos, descongestionantes o una combinación de los dos. Los antihistamínicos pueden causar efectos secundarios negativos y somnolencia, mientras los descongestionantes que contienen pseudoefedrina pueden elevar la presión sanguínea y el pulso, y causar dificultad para dormir.

¿Observas algún cambio en tus patrones de sueño a lo largo del año? Tener conciencia de la secuencia de sueño por temporadas puede ayudarte a identificar y rectificar las complicaciones de sueño antes de que se conviertan en una crisis.

"Despierto por la mañana confundido entre el deseo de salvar al mundo y el de disfrutarlo".

E. B. White

3

¿Tienes problemas para dormir?

¿Te cuesta trabajo conciliar el sueño con la mente llena de pensamientos y preocupaciones del día? ¿Te la pasas dando vueltas, te despiertas mucho y amaneces cansado? ¿Te arrastras durante todo el día con poca energía? Si sufres de alguno de estos síntomas, no eres el único.

De acuerdo con la Fundación Nacional del Sueño, dos terceras partes de todos los estadounidenses informan de un claro problema para dormir. Se estima que cerca del 95% de los trastornos de sueño no se diagnostica ni se atiende. Cuando no se tratan como es debido, los trastornos de sueño pueden volverse serios.

Si tu inhabilidad para dormir bien es persistente, si sufres de fatiga durante el día, si las personas con quien vives se quejan de tus ronquidos u otros hábitos de sueño, o si presentas uno de los síntomas de las molestias que se describen adelante, es momento de recibir una evaluación médica.

Además de hacerte un examen físico completo, se te puede prescribir un estudio de sueño en un centro especializado. Consulta con un especialista en el cuidado de la salud para determinar y atender el problema.

Muchos obstáculos físicos, fisiológicos y culturales nos impiden dormir bien de manera consistente. Este capítulo te ayudará a encontrar tus problemas y hábitos de sueño con una bitácora. También describe las señales y síntomas de trastornos de sueño comunes y da una lista de enfermedades, condiciones y actitudes que afectan tu descanso en forma negativa.

Lleva una bitácora de sueño

El primer paso para mejorar es registrar tus patrones de sueño y tu satisfacción con la cantidad y calidad de tu descanso. Determinar esto puede ayudarte a elegir posibles remedios para tener un sueño reparador. También puede ser valioso para tu trabajo la ayuda de un especialista en el cuidado de la salud si las estrategias de autoayuda no son lo bastante potentes para resolver el problema.

"Tengo tres fobias que si pudiera acabar con ellas mi vida sería suave como un soneto, pero aburrida como agua de presa; odio ir a la cama, odio levantarme y odio estar solo".

Tallulah Bankhead

Describe el problema

Responde las siguientes preguntas para determinar tu problema general de sueño.

1. ¿Cuánto tiempo has tenido problemas para dormir?
2. ¿El problema se presenta todas las noches?
3. ¿Cómo afectan tu funcionamiento cotidiano las dificultades para dormir?
4. ¿Qué cambios o presiones estás experimentando en este momento?
5. ¿Tu sueño es diferente los fines de semana o cuando estás de vacaciones?

Determina tu sueño nocturno

Escribe tus respuestas a las siguientes preguntas todos los días durante dos semanas.

1. ¿A qué hora te acostaste anoche?
2. ¿Cuánto te tomó conciliar el sueño?
3. ¿Despertaste durante la noche? Si así fue, ¿cuántas veces? ¿Qué hiciste cuando despertaste (te quedaste en la cama, fuiste al baño, fumaste un cigarrillo, comiste algo, te preocupaste)? ¿Cuánto tiempo te tomó volverte a dormir?
4. ¿Cuántas horas en total dormiste anoche?
5. ¿A qué hora te levantaste esta mañana?
6. ¿Usaste un reloj con alarma?
7. En una escala del 1 (todavía cansado) al 5 (descansado), ¿cómo te sentías cuando despertaste?
8. ¿Tomaste una siesta hoy? Si así fue, ¿cuándo y por cuánto tiempo?
9. ¿Tomaste alguna medicina hoy? ¿Cuánto alcohol o sustancias con cafeína consumiste? ¿Fumaste cigarrillos?
10. ¿Qué comiste hoy? ¿Cuándo y por cuánto tiempo hiciste ejercicio?

11. ¿Cómo te sentiste hoy? ¿Estuviste ansioso, deprimido, irritable, olvidadizo o propenso a accidentes?
12. En una escala del 1 (somnoliento o fatigado) al 5 (con energía), ¿cómo calificarías tu funcionamiento durante el día?

Trastornos comunes del sueño

El Dr. William Dement declara: "Mi hallazgo más significativo es que la ignorancia es el peor trastorno del sueño que existe". Los profesionales de la salud han clasificado más de 80 trastornos para dormir y despertar. Los siguientes son algunos de los más comunes.

Insomnio

El insomnio, la inhabilidad para conciliar el sueño o permanecer dormido, es el más común de los problemas para dormir. Los profesionales en trastornos del sueño hacen diferencias entre muchos tipos de insomnio con base en sus causas físicas y psicológicas, y cuánto tiempo persiste el problema. Se puede ayudar a muchas personas que padecen de insomnio con una combinación de tratamientos naturales. Para otros, el ciclo debilitador del insomnio crónico puede romperse con la prescripción de medicamentos de corta administración.

Apnea del sueño

"Noche sin dormir. La tercera en forma consecutiva. Me quedo profundamente dormido; pero después de una hora, despierto, como si hubiera puesto la cabeza en el hoyo equivocado".

Franz Kafka

Este trastorno afecta de 20 a 30 millones de estadounidenses. Literalmente es un trastorno que detiene la respiración en el que la persona que duerme puede roncar y jadear mientras deja de respirar y vuelve a hacerlo muchas veces durante la noche. La apnea del sueño se presenta más en hombres mayores con sobrepeso que roncan, pero también afecta a mujeres y gente joven. La condición se asocia con la presión sanguínea alta y otros problemas cardiacos.

Las personas que la padecen pueden encontrar alivio con una máquina de presión continua de aire positivo, que se usa al dormir para combatir la falta de respiración al forzar aire al interior de la nariz. Otros tratamientos emplean medicamentos que ayudan a la respiración correcta durante la noche y conducen a modificaciones de la conducta, como bajar de peso y limitar el consumo de alcohol antes de dormir. En casos extremos, los doctores recomiendan cirugía para retirar o disminuir el exceso de tejido en boca y garganta.

Narcolepsia

La narcolepsia es un trastorno neurológico crónico que tiende a ser genético y produce demasiado sueño durante el día: "ataques de sueño" y cataplexia, o pérdida de control muscular a menudo debido a emociones fuertes. Es obvio que este trastorno puede ser devastador.. Una combinación de medicinas prescritas (por lo regular estimulantes y antidepresivos), así como cambios en el comportamiento (incluido el uso sensato de siestas) pueden ayudar a aliviar algunos de los problemas de la narcolepsia.

Síndrome de la pierna inquieta

Esta condición se caracteriza pos reacciones y sensaciones físicas muy incómodas (hormigueo, picazón o dolor) que interrumpen el sueño, pero también puede ocurrir durante las actividades del día. Quienes lo padecen pueden encontrar alivio temporal al moverse, recibir masaje o darse un baño. El movimiento periódico de piernas, un síndrome relacionado, se caracteriza por crispaciones o tirones de las piernas durante la noche lo bastante severas para despertar a la persona o a la pareja en repetidas ocasiones.

Otros problemas

Algunas otras condiciones que pueden afectar al sueño son: caminar dormido, terror nocturno, síndrome de la fase de sueño retrasada, síndrome de comer por la noche, trastorno del comportamiento de sueño con MOR y bruxismo (rechinido de dientes).

Condiciones médicas y medicinas

Si tu sueño es deficiente, un examen físico puede ayudar a identificar las condiciones médicas y medicinas que se conoce que quitan el sueño.

Condiciones médicas que afectan el sueño

El insomnio puede ser un efecto secundario de males cardiacos, alergias, asma, diabetes, problemas de próstata, deficiencias alimentarias, reflujo gastroesofágico e infecciones nasales.

Además, el dolor y rigidez de la artritis y la fibromialgia pueden hacer que la gente se despierte durante la noche. El síndrome premenstrual, el embarazo y la menopausia pueden dañar el sueño, pues es posible que los cambios hormonales juegen un papel mayor en el insomnio.

Cabeza arriba para aliviar la acidez

Si la acidez y el reflujo gastroesofágico no te han dejado dormir, estos remedios pueden ser útiles.

- ★ Prueba medicamentos que bloquean la secreción de ácidos.
- ★ No hagas una comida completa antes de dormir.
- ★ Duerme con la parte superior de tu cuerpo elevada (levanta la cabecera de tu cama con bloques de madera o usa más almohadas para elevarte).

También existe una fuerte correlación entre la depresión y el insomnio. "No hay duda de que el insomnio en sí mismo produce depresión.

Pero también sucede lo contrario. Alrededor del 80 ó 90% de los pacientes deprimidos padecen insomnio", informa David Neubauer, doctor en medicina, director asociado del Centro de Trastornos del Sueño de la Universidad Johns Hopkins. Otros problemas emocionales y trastornos psicológicos como la ansiedad y el pánico, el trastorno por la temporada y el trastorno de estrés postraumático, pueden impedir que se duerma lo necesario.

Medicamentos que afectan el sueño

Los trastornos del sueño pueden inducirse con sustancias. Las drogas ilegales, sobre todo la cocaína y las anfetaminas, producen muchos problemas de sueño, igual que los estimulantes socialmente sancionados, el alcohol, el tabaco y el café. Retirarse del alcohol y la nicotina también puede provocar insomnio. Muchas medicinas de receta y de mostrador afectan el sueño. Si estás tomando esteroides, agentes para quimioterapia, diuréticos, supresores del apetito, remedios fríos, medicamentos para la tiroides, antidepresivos, o drogas para alergias, dolor, asma, mal cardiaco o mal de Parkinson, lee las instrucciones del paquete o pregunta a tu médico si es posible que contribuyan a tu insomnio.

Los efectos de algunas medicinas son paradójicos. Los antihistamínicos, por ejemplo, hacen dormir a algunas personas, pero a otras las mantienen despiertas. El hecho de que algo sea "natural" no significa que no pueda tener efectos secundarios negativos. Ciertas fórmulas de hierbas usadas como tónicos, energetizantes o ayuda para la dieta pueden quitarte el sueño.

Si sospechas que una prescripción médica o algún medicamento que tomas te impide dormir como deseas, habla con un profesional de la salud. Él te puede ayudar recetándote otro medicamento o cambiando la dosis o el momento de administración.

"Pero tengo promesas que cumplir y millas que recorrer antes de dormir".

Robert Frost

Sueño tramposo: el pasatiempo nacional

Muchos nos hacemos trampa con el sueño como forma de enfrentar las fuertes exigencias del trabajo, la familia y las necesidades personales. Esta deliberada falta de sueño puede ser precursora del insomnio involuntario y otros problemas de salud.

En el camino

¿Con qué frecuencia cambias el sueño por otra actividad? ¿Dormir está al último en tu lista de actividades? Nuestras elecciones individuales y horarios saturados suelen ir contra nuestra fisiología. Un estudio reveló que el 58% de los ciudadanos de Estados Unidos creen, erróneamente, que pueden aprender a funcionar con normalidad con una o dos horas menos de sueño de las que necesitan. "El sueño es la cuenta que gastamos cuando buscamos tiempo para hacer todo lo demás", escribe Andrea Van Steenhouse, doctora en filosofía, en su libro *Guía para la mujer para una vida más sencilla*.

Muy a menudo se nos recomienda dormir menos por otra actividad que se supone es más importante, o se nos hace sentir culpables si con regularidad dormimos la cantidad de tiempo que nuestro cuerpo requiere. Los encabezados parecen proclamar "poco tiempo precioso; cada momento cuenta, no desperdicies un segundo" y "duerme rápido". Incluso la columnista Ann Landers contribuyó a esta falacia. En la parte superior de su columna *21 consejos para la vida*, el sueño terminó con malas referencias: "No creas todo lo que oyes, gasta todo lo que tienes o duerme todo lo que quieras". Esto implica que si duermes todo lo que quieres, quizá seas un derrochador bobo y perezoso. ¡No creas eso!

Dormir menos para lograr más

Nuestra cultura está inundada de la noción de que si limitas el sueño, puedes lograr más. Muchos expertos del manejo del tiempo recomiendan adoptar dietas de sueño poco saludables en un esfuerzo por hacer más. En un libro muy popular sobre la organización del hogar, el autor hace una tabla del día típico de una mujer y reparte las horas de 4:30 a 6:30 AM, y de 10:00 a 11:00 PM, para tiempo personal, con lo que recorta el sueño a la insuficiente cantidad de cinco horas y media. Richard Carlson, en su best-seller *No te preocupes por pequeñeces*, revela que él se levanta entre 3 y 4 de la mañana, y recomienda que los lectores consideren un horario similar.

Por irónico que parezca, la calidad y la eficiencia disminuyen cuando la gente que duerme poco trata de abarcarlo todo. La Fundación Nacional del Sueño expresa que "a la necesidad de sueño del cuerpo se le trata como pérdida de tiempo. En nuestra sociedad de 24 horas, tomamos horas de la noche para actividades del día, robándonos el preciado sueño. En el siglo pasado, redujimos nuestro promedio de sueño en un 20% y, en los últimos 25 años, agregamos un mes a nuestro tiempo anual de trabajo y transportación. Nuestra deuda nacional de sueño está a la alza. Nuestra sociedad ha cambiado, pero nuestros cuerpos no, y estamos pagando el precio".

"El mundo podría en verdad ser diferente si todos durmieran nueve horas y si las personas que toman decisiones claves no fueran de los miembros que menos descansan de nuestra sociedad".

Gay Gaer Luce, escritor e investigador

4

Cómo cambiar los hábitos que impiden dormir

Los hábitos personales, algunos de los cuales tienen efectos obvios y otros más sutiles, afectan la calidad del sueño. Las rutinas diarias, el trabajo, las actividades de esparcimiento, la dieta, la pareja y los viajes, pueden contribuir a crear problemas de sueño. Por ejemplo, una carrera tranquila puede hacer que te relajes, mientras una vida laboral de pesadilla puede tener el efecto contrario.

Siete hábitos esenciales para un sueño muy exitoso

1. Dar al sueño una prioridad absoluta al proporcionar un tiempo amplio para dormir.
2. Tener un lugar cómodo para dormir.
3. Elegir actividades cotidianas que mejoren el sueño.
4. Abordar los problemas de sueño como retos temporales que pueden remediarse con perseverancia creativa.
5. Adaptar los cambios físicos y las transiciones emocionales que afectan el sueño en forma negativa.
6. Abastecerse de descanso y relajación.
7. Utilizar recursos externos para ayudar a determinar y atender problemas de sueño.

¿Qué puntos de los anteriores contemplas tú?

Lo que comes y bebes durante el día puede mejorar o inhibir tu potencial para dormir. Piensa también en lo que haces en la noche. ¿Eliges actividades estimulantes o relajantes? Revisa tus hábitos físicos y emocionales para descubrir cuáles te impiden dormir y así determinar cómo transformarlos en cultivadores del sueño.

Despierta del cansancio del trabajo

¿Tu trabajo te cansa? ¿Te llevas trabajo a casa, ya sea en tu portafolios desbordado o en tu mente hiperactiva? ¿Trabajas muchas horas, o trasladarte te toma mucho tiempo? El estrés del trabajo afecta el sueño. Un estudio encontró que los trabajadores que reportan altos niveles de estrés laboral tienen mucho más problemas de salud que los que tienen trabajos con menos estrés. Como el insomnio, el agotamiento del trabajo está relacionado con un aumento de alergias, migrañas, dolores de espalda y depresión. El estrés laboral y el insomnio crean un círculo vicioso; más de dos terceras partes de los adultos reportan que tener sueño hace que sea aún más difícil manejar el estrés del trabajo. Algunas tareas específicas también pueden afectar el sueño. Por ejemplo, el trabajo excesivo en la computadora incrementa el insomnio.

De acuerdo con el consultor de la administración del tiempo Donald Wetmore, maestro en administración de negocios y doctor en derecho, el 80% de los empleados no quiere ir a trabajar el lunes por la mañana. Un empleado de mucho tiempo explica: "Generalmente no tengo problemas para dormir, excepto los domingos. Es entonces cuando recuerdo todo el trabajo de la semana anterior que tengo pendiente en mi escritorio y reproduzco en mi cabeza los problemas con algún cliente o las discusiones del personal. Quedo exhausto". Si eres reacio a ir a trabajar los lunes por la mañana, eres propenso a tener problemas para dormir los domingos por la noche.

Para muchos de nosotros, los fines de semana parecen ser insuficientes para hacer todas las tareas domésticas y sin el tiempo necesario para relajarnos y reabastecer nuestras reservas. Una tira cómica ilustra este sentimiento. Sentado en la cama, el personaje musita "es de mañana otra vez. Bueno, ¿qué esperaba? A la noche le sigue la mañana; pero el lunes debería recordarse por llegar muy pronto".

¿Por qué no despiertas brillante y alegre el lunes por la mañana? ¿Te acuestas tarde los domingos por la noche porque dormiste toda la mañana? ¿Pasas mucho tiempo de tu fin de semana haciendo labores domésticas o llevas trabajo de la oficina a casa? Las respuestas a estas preguntas pueden hacerte diseñar una mejor transición del fin de semana al día laborable?

No es de sorprenderse que tener dos empleos o vivir lejos del trabajo reduzca el tiempo para dormir e incremente el riesgo de accidentes. Los investigadores han descubierto que los trabajadores que viven lejos son más propensos a tener trastornos de sueño. Un estudio de 21 mil personas que viajan en tren al trabajo señala que además de recortar su tiempo de sueño para ajustar sus horarios de trabajo, estas personas tienen niveles mayores de apnea de sueño e insomnio.

"Cuando la acción se vuelve improductiva, reúne información; cuando la información se vuelve improductiva, duerme".

Ursula K. Leguin, escritora

Otro estudio reveló que es dos veces más probable que los conductores soñolientos tengan más de un empleo, y de cuatro a cinco veces más probable, que trabajen el turno de la noche. La mayoría de las personas que tienen dos empleos duermen en promedio menos de seis horas. Si trabajar menos no es una opción, compartir el automóvil con colegas más alertas es una alternativa más segura.

Las personas que trabajan por turnos experimentan una mayor incidencia de insomnio, infertilidad, desórdenes cardiovasculares y otros problemas médicos.

Se puede aminorar estos efectos con más luz al trabajar de noche y más oscuridad durante el día.

Los trabajadores de turnos también pueden beneficiarse al cambiar el orden de sus rutinas. El patrón de trabajo normal es tener actividades de ocio después del trabajo y, más tarde, dormir. Esas personas deben dormir después de trabajar, y distribuir el tiempo entre el sueño y el trabajo para quehaceres y recreación.

Los profesionales de recursos humanos creen que dormir más durante el día de trabajo disminuye el estrés e incrementa la eficiencia. Los pronosticadores de tendencias consideran las siestas en el lugar de trabajo como un importante avance de la década. Algunos negocios ya han creado habitaciones para siestas a un costo mucho menor que los cuartos para ejercicio con equipo completo. El Dr. James Maas, de la Universidad de Cornell, cree que las "siestas de poder", como breves descansos del trabajo, pueden optimizar el rendimiento de un individuo.

¿Cambiar de trabajo te ayudaría a dormir mejor? El concepto budista de subsistencia correcta nos impulsa a elegir empleos que se alineen con nuestros valores personales y que contribuyan al bien común. Cuando nos sentimos víctimas de nuestros empleos, estamos derrotados emocional, física y espiritualmente.

Conducir con sueño

Es más probable que la gente que maneja con sueño sea aquella que no duerme suficiente en primer lugar. Éstas son las señales de peligro.

★ Tienes problemas para enfocar tus ojos o para mantener la cabeza erguida.
★ No puedes dejar de bostezar.
★ Tienes pensamientos divagantes e inconexos.
★ No conservas tu carril o te sales del camino, y continuamente jaloneas el carro para volver a tu carril.

Si experimentas cualquiera de estos síntomas, detente en un área segura y descansa un poco o toma una siesta. Antes de cualquier viaje, duerme lo suficiente la noche anterior. Evita conducir cuando tu cuerpo esté cansado y toma descansos cuando el viaje sea largo.

Quienes aman su trabajo con frecuencia informan que duermen bien y tienen vigor al regresar a sus tareas. Si no quieres volver a tu trabajo, ¿es porque no te gusta tu vocación o tu situación actual? Piensa en tu sueño o falta de él, sobre todo el domingo por la noche, como medida de felicidad personal. Sólo tú puedes decidir si hay o no un mensaje detrás.

Refrigerios relajantes

"Eres lo que comes". Esta frase popular refleja las serias consecuencias que los hábitos alimentarios pueden tener en la vida. La comida afecta la salud, la vitalidad y el ánimo. Al determinar un problema de sueño, corrige esta frase y di "duermes lo que comes", pues tu elección de cuándo y qué comer afecta tu sueño.

"Y entonces hay sueños aterradores cuando el trabajo en verdad va mal. Ni siquiera quiero hablar de ellos. Les da mucho poder".

Maya Angelou

Establece tu última comida por lo menos tres horas antes de ir a la cama. Para dormir mejor, así como para una salud general, ten un desayuno abundante, un almuerzo moderado y una cena ligera con una porción pequeña de proteína. O bien, haz comidas pequeñas más frecuentes a lo largo del día para mantener niveles estables de azúcar en la sangre.

Pregúntate, "¿mi dieta fomenta la salud y el sueño profundo?" Una dieta saludable para el corazón y a prueba de cáncer, rica en fibra, llena de frutas y vegetales con muchos nutrientes, y baja en grasa mejora tu salud general y fomenta el sueño.

Por el contrario, comer muchos alimentos grasos puede recortar tu sueño. En *Los factores del sueño*, Norman Ford llama a la grasa de los alimentos "una comida gremlin que promueve el insomnio". ¿A qué se debe la fuerte comparación? Ford explica que "virtualmente toda enfermedad o disfunción producto de una dieta rica en grasa y del sobrepeso tiene un efecto dañino en el sueño y causa insomnio".

Las vitaminas y los minerales también son importantes para dormir. "Las deficiencias alimentarias o la mala absorción de nutrientes pueden provocar insomnio crónico", dicen Peter Hauri y Shirley Linde, doctores en filosofía, autores de *No más noches sin dormir*. Asegúrate de tomar tu porción de calcio, que es un relajante.

El Instituto de Medicina de la Academia Nacional de Ciencias reporta que la mayoría de los estadounidenses no consume suficiente calcio. El consumo promedio es de 500 a 700 miligramos; casi toda la gente necesita de mil 200 a mil 500 miligramos. Además de construir huesos y dientes fuertes, el calcio ayuda a regular el funcionamiento sano de nervios y músculos. El calcio en suplementos también alivia los síntomas premenstruales.

La combinación de calcio y magnesio actúa como un relajante ligero y ayuda al sueño. Otras vitaminas y minerales asociados con el sueño profundo son las vitaminas B, zinc, cobre y hierro. Un nutriólogo te puede ayudar a determinar qué suplementos necesitas.

Sin duda, nuestro estado general de nutrición afecta cómo dormimos, ¿pero es posible que los alimentos por separado tranquilicen o estimulen? Algunos relatos anecdóticos de inducción del sueño con cenas de leche caliente y pavo parecen afirmarlo, aunque estos datos no tienen sustento científico.

Muchas personas creen que consumir alimentos con aminoácidos específicos puede mejorar o impedir el sueño. Para inducirlo, se recomienda el pavo y otras comidas ricas en triptófano. Algunos expertos no están de acuerdo en que el legendario letargo posterior a la cena de acción de gracias sea en realidad resultado del exceso; el efecto sedativo del triptófano ocurre sólo si se toma con el estómago vacío sin proteína. Para ver si los alimentos que contienen triptófano tienen un efecto sedante en ti, una hora antes de ir a dormir, come yoghurt, pavo, mantequilla de cacahuate, dátiles, higos, arroz o atún, todos los cuales son ricos en triptófano. Evita la comida que contenga tiramina, el aminoácido que da energía, como el queso maduro y suave, espinaca, jitomate, papa y carne procesada.

Último alimento: leche

¿Un vaso de leche caliente te ayuda a dormir? Los científicos cuestionan la validez de este remedio casero porque los efectos de la proteína y los aminoácidos estimulantes de la leche pueden dar demasiada potencia al efecto sedativo del triptófano. Pero este ritual culinario, dulce recuerdo de la niñez y tiempo de quietud, con las manos alrededor de un tarro caliente, también puede contribuir a que duermas profundamente.

Debes saber de otros alimentos que quitan el sueño: el glutamato de monosodio aditivo (GMA) puede producir dolor de cabeza e insomnio en algunas personas. Revisa en las etiquetas de los productos si contiene proteína hidrolizada que contiene GMA. Limita tu consumo de alimentos condimentados, grasos o fritos, sobre todo en la noche, ya que pueden causar acidez e indigestión. Los alimentos con proteínas energéticas deben comerse más temprano; los refrigerios azucarados más tarde pueden ser estimulantes.

Los carbohidratos, como el pan, el cereal y la pasta, son buenos alimentos para la noche pues disparan el químico del cerebro, la serotonina, que te hace sentir soñoliento. Un refrigerio así, 45 minutos antes de dormir, puede sedarte. Pero que sea algo ligero, una pieza de pan con un poco de jamón es suficiente.

Algunos especialistas en salud advierten que no es bueno comer carbohidratos refinados por la noche, y sugieren una porción pequeña de fruta y almendras como una alternativa. Es posible que necesites probar diferentes refrigerios para encontrar el que más te conviene.

Sustancias que trastornan

Los mayores culpables de la falta de sueño profundo son sustancias como la nicotina, el alcohol y la cafeína. Diversos estudios sugieren que los efectos estimulantes del cigarrillo roban tiempo de sueño. Las personas que fuman mucho tardan más en dormirse, se levantan con mayor frecuencia y duermen de manera menos profunda. Algunos fumadores despiertan por el antojo de fumar un cigarrillo durante la noche. En un estudio, quienes dejaron el hábito del cigarro también disminuyeron su insomnio a la mitad.

La paradoja del alcohol es que actúa como relajante y como estimulante. Algunas personas insisten que beber licor antes de dormir las ayuda a conciliar el sueño. Pero los cambios fisiológicos que el alcohol causa privan al cuerpo del descanso que necesita. Beber en la noche altera las fases naturales del sueño y hace más difícil permanecer dormido profundamente. También es importante observar que, el proceso de alejamiento de la nicotina y el alcohol, puede incrementar el insomnio al principio, en personas que lo consumieron en fuertes cantidades.

Pon atención si tomas mucho café: tu hábito puede ser riesgoso para tu sueño. El aroma de una taza de café recién hecho y el impacto de alerta que produce hace que beber café sea una actividad interesante. Pero consumir 300 miligramos de cafeína, el equivalente a tres tazas de café fuerte o seis refrescos de cola, durante un día completo, hace que te despiertes por la noche y se interrumpa la fase de sueño con MOR.

Quienes acostumbran tomar café tienen niveles demasiado altos de hormonas de estrés y la presión sanguínea un poco alta, muchas horas después de tomar el café.

La sensibilidad a la cafeína aumenta con la edad. Quizá los refrigerios que antes disfrutabas, como una taza de café en la tarde o una rebanada de pastel de chocolate como postre, ahora te mantengan despierto toda la noche. Otras sustancias estimulantes cuyo consumo tal vez quieras eliminar o reducir son el chocolate, algunas medicinas sin receta y los helados y yoghurts con sabor a café.

Cuentas de la cafeína

	Cantidad tomada	Cantidad de cafeína
★ Café filtrado	8 onzas	80-135 mg.
★ Café instantáneo	8 onzas	65-100 mg.
★ Té negro	8 onzas	30-70 mg.
★ Té verde	8 onzas	25-50 mg.
★ Refresco	12 onzas	30-70 mg.
★ Chocolate	1.5 onzas	5 mg.
★ Medicina para aliviar el resfriado	1 tableta	30 mg.

Si tienes problemas para dormir debes evitar estas bebidas. Además de limitar el consumo de café, toma menos té y menos refrescos con altos de niveles de cafeína. Tomar té es encantador y saludable, pero también puede ser estimulante. Los tés verde y negro, que contienen cafeína, te dan un impuso fisiológico y fuerte protección antioxidante. Los beneficios de salud del té incluyen disminuir el riesgo de cáncer, incrementar la fuerza cardiovascular y normalizar la flora intestinal. Así que saborea tu té, pero bébelo tres o más horas antes de dormir.

No te aceleres en la noche

¿Tienes hábitos nocturnos que te estimulan? Una discusión sobre algunas de las rutinas más comunes que mantienen a la gente despierta en la noche puede ayudarte a decidir si necesitas limitar o eliminar algunas de tus actividades, o si un cambio de horario pudiese ser bueno.

A menudo no estamos conscientes de los efectos de los hábitos comunes. Muchos adultos dicen que ver televisión los relaja, y aun así, los programas de suspenso y violencia, lo que se incluye en segmentos noticiosos, pueden acelerar el corazón. Usar la computadora tarde por la noche compite por nuestra atención antes de dormir y puede hacer que no nos acostemos a una hora razonable.

En su libro *Regalo del mar*, Anne Morrow Lindbergh describe los detalles de una visita a su hermana en su casa de retiro en la playa. Lindbergh explica que después de un día lleno de actividad, "la tarde es para compartir; comunicación, pero no por mucho tiempo, pues la buena comunicación es tan estimulante como el café negro e igual de difícil es dormir después".

"Existe un momento para las palabras y también existe un momento para dormir".

Homero

Como Lindbergh, quizá quieras guardar las discusiones que producen adrenalina para horas más tempranas.

También limita las llamadas telefónicas tarde por la noche, sobre todo las que se relacionen con tensiones familiares o problemas laborales.

Para asegurar que el ejercicio sea sedativo y no estimulante, establécelo tres horas o más antes de dormir. Cambia las tareas que puedan crear preocupación, como pagar cuentas, para horas tempranas del día.

Y no guardes el emocionante best-seller que estás leyendo para la hora de dormir, es posible que no puedas cerrarlo o dejar de pensar en él una vez que lo hagas.

Termina con los hábitos de deshoras

¿Sueles abandonar tu cómoda cama por la noche porque tienes que ir al baño o a comer algo? Estas molestas prácticas tienen remedio. Aunque es importante mantenerse hidratado durante el día, limita tu consumo de líquido pocas horas antes de dormir. El café y el alcohol hacen que visites el baño muchas veces en la noche. Incluso si estás tomando un sedante té de hierbas, debes controlar las porciones. Sustituirlo por una pequeña dosis de extracto líquido medicinal puede disminuir la necesidad de orinar.

Algunos de nosotros estamos condicionados a levantarnos cada vez que despertamos durante la noche. De manera automática relacionamos el despertar con orinar. Si bien se recomienda no ignorar el impulso a orinar durante la noche, experimenta no levantándote de inmediato.

La gente que acampa y no tiene acceso sencillo a instalaciones de baño a menudo descubre que un viaje extra en la tarde es innecesario. Tal vez puedas reacondicionarte en casa también.

La nocturia, orina excesiva durante la noche, debe evaluarse médicamente ya que puede ser un síntoma de una infección urinaria o vaginal, o de diabetes. Los hombres mayores y las mujeres embarazadas son más propensos a ir más veces al baño durante la noche. La mayoría de los hombres mayores de 50 años sufren crecimiento de la próstata, lo que hace que se vaya más al baño. Los irritantes de próstata son los culpables habituales, alcohol, cafeína y tabaco, así como comidas condimentadas. Algunas medidas de autoayuda para la salud de la próstata son comer alimentos de soya, semillas de calabaza y palmito.

En mujeres embarazadas, los cambios hormonales y el crecimiento del feto aumentan la presión de la vejiga, tanto de día como de noche. Beber menos líquidos antes de dormir puede ayudar. Conforme crece el cuerpo, sucede lo mismo con la inhabilidad para encontrar posiciones cómodas para dormir. Acolchonar el cuerpo con cojines adicionales, sobre todo entre las rodillas, y dormir del lado izquierdo puede disminuir la presión interna y ayudar a contener la necesidad de orinar durante la noche.

¿Qué piensas cuando escuchas la expresión "comer de noche"? Muchas personas asociamos los refrigerios a medianoche con el personaje de tiras cómicas Dagwood Bumstead. Pero para otros, comer de noche es una preocupación seria: es un trastorno relacionado con el sueño que se caracteriza por comer en forma compulsiva y tal vez purgarse y tener comportamientos diasociativos. Si irrumpes con regularidad en el refrigerador a deshoras, consulta a un médico.

¿Quién duerme contigo?

¿Compartes la cama? ¿Duermes con otro adulto, con mascotas o tienes una política abierta de cama familiar? ¿Tu compañero de noche despierta mucho, tiene alergias, se mueve mucho o mueve las cobijas, ronca, ve TV en la cama hasta tarde o va a dormir con los pies fríos? ¿Tiene cualquier hábito que pueda impedir tu sueño?

Los ciclos de dormir y despertar de tus compañeros de cama pueden afectarte en forma negativa. Discutir el problema con ellos y hacer algunos cambios físicos puede, por ende, ser necesario.

El roncar afecta aproximadamente al 30 ó 40% de los adultos. Para quienes roncan y sus compañeros, los efectos de sonido y los riesgos de salud son más que una molestia ruidosa. El roncar puede mermar la intimidad y el sueño. A veces es necesario tener cuartos separados para asegurar que la persona que no ronca duerma bien. Si tu pareja ronca, recomiéndale que consulte a un especialista en el cuidado de la salud. Existen remedios para disminuir este mal que puede ser un síntoma de apnea del sueño, un trastorno que requiere tratamiento médico.

Una mujer de tamaño normal se quejó con su doctor de problemas de sueño. Cuando se le preguntó, reveló que en fechas recientes se había vuelto a casar y que su nuevo esposo, que medía 1.83 y pesaba 102 kilos, compartía ahora su cama matrimonial. La persona con el problema había ignorado lo obvio, que los colchones pequeños no son buenos para gente grande. Después de comprar una nueva cama *king size*, la mujer recuperó el sueño profundo de sus años de soltera. ¿Tu colchón es lo bastante grande para ti y tu compañero?

Otra pareja tuvo que cambiar sus posiciones de dormir para recuperar el sueño reparador.

Desde el principio de su relación de 20 años, se quedaban dormidos juntos, como "cucharas", en contacto toda la noche.

Esta posición era muy cómoda al principio para ambos y así continuó hasta que la mujer se acercó a la menopausia. "Ahora no me gusta que me toquen en la cama cuando me voy a dormir pues he tenido problemas con sudoración nocturna. La temperatura del cuerpo de mi esposo me irrita".

Después de discutirlo, la pareja decidió dormir con un poco de distancia entre ellos. El reciente cambio en su vida los hizo revalorar un hábito que antes había mejorado su sueño. Hay una lección importante aquí: ¿hay comportamientos para compartir la cama que ya no te funcionan?

Calma la intranquilidad por el cambio de horario después de un viaje

Ya sea que vueles a Europa para reunirte con un cliente importante o para empezar unas vacaciones que has esperado mucho, pero si no tienes cuidado, hay una gran probabilidad de que te sientas... terrible. Puedes sufrir fatiga, desorientación, irritabilidad, trastornos digestivos y problemas para dormir a tu arribo.

El cambio de horario después de un viaje es más que sólo estar muy cansado por las exigencias físicas del viaje y la excitación. Es una interrupción fisiológica del reloj interno del cuerpo. Esta descompensación es producto de la necesidad de ajustar nuestro ciclo de dormir y despertar después de atravesar zonas de tiempo. La Administración Nacional de la Aeronáutica y el Espacio (NASA) estima que una persona necesita un día por cada zona del tiempo que atraviese para recuperar los ritmos y la energía normales del cuerpo. Por ejemplo, se cruzan cinco zonas del tiempo al volar de Nueva York a París; por lo tanto, puede tomar cinco días que tu cuerpo se ajuste por completo. Nadie es inmune a los trastornos por los cambios de horario después de un viaje; los estudios muestran que aproximadamente el 95% de las personas que viajan largas distancias, incluidos los sobrecargos de los aviones, los padecen.

Factores que contribuyen

Existe un número de factores que contribuyen a la severidad de estos trastornos. He recuperado varios de los más significativos.

- ★ La dirección del viaje; estos trastornos suelen ser peores cuando se vuela hacia el Este que cuando se vuela hacia el Oeste.
- ★ La edad; cuanto más grande eres, peores son los efectos.
- ★ Tu condición antes del vuelo y el grado de flexibilidad; te va mejor si estás en forma y descansado, y si no mantienes en general un horario rígido.
- ★ Las condiciones de la aerolínea; el aire viciado y seco de la cabina, y tu falta de movimiento, contribuyen a la fatiga y a que disminuya la inmunidad.

Aminora los efectos del cambio de horario después de un viaje

Si bien no puedes impedir por completo los efectos de este cambio, puedes hacer algunas cosas para reducir su impacto en tu viaje.

1. La preparación es la clave. Antes de tu vuelo, asegúrate de descansar bien. Algunos expertos sugieren acomodar los vuelos para no salir muy temprano en la mañana, pero llegar a tiempo para dormir la noche completa.

2. Trabaja para ajustar de antemano tu reloj biológico. Si viajas al Este, entonces una semana antes de partir a tu destino, empieza a acostarte más temprano cada día; si viajas al Oeste, duérmete y despierta más tarde.
3. Durante el vuelo, limita el alcohol y toma mucha agua.
4. Mientras estés en el avión, asegúrate de estirar las piernas al estar sentado y trata de caminar cuando sea posible.
5. Ajusta tu reloj a la hora de tu destino, y come y duerme de acuerdo con el nuevo horario (esto puede significar rechazar algunas de las comidas del avión, ¡ante lo que muchos dirán que no se pierde nada!)
6. Trata de usar antifaz y tapones de oídos para dormir mejor en el avión.
7. Algunas personas toman un antihistamínico por sus propiedades de inducción del sueño, pero esta medicina también puede causar efectos secundarios negativos como la deshidratación.
8. Cuando llegues, no dejes de seguir tu nuevo patrón. Trata de no tomar siestas.

9. La luz solar y el ejercicio ligero al inicio del día ayudan a poner en ceros tu reloj corporal tan rápido como sea posible.
10. También tiene sentido usar esencias para ajustarse a los cambios de hora. Compra o elabora productos de aromaterapia para usar específicamente durante y después del vuelo. Puedes llevar una almohada contigo o una botella pequeña de tu esencia calmante predilecta (véase las páginas 172-173 para más información y recetas).
11. Los suplementos de melatonina 30 minutos antes de tu nueva hora de dormir, pueden ayudar a disminuir los efectos del cambio de horario y reajustar tu reloj biológico.

"Un día bien vivido produce un feliz sueño".

Leonardo Da Vinci

5

Crea un ambiente que invite a dormir

Un hogar tranquilo proporciona un respiro después de los llenos y a menudo frenéticos días que se viven en el mundo. Cuando llegamos a casa y nos reciben estéreos a todo volumen, luces intensas, colores fuertes y patrones fuertes, nuestros sentidos permanecen abrumados.

Desde luego que todos necesitamos áreas en nuestras casas para actividades estimulantes pero por equilibrio, también necesitamos espacios apacibles que calmen nuestros sentidos y nos den la señal para cambiar de actividad a quietud. La decoración innovadora, la ropa de cama cómoda y la iluminación adecuada pueden ayudarte a transformar tu habitación en un ambiente que invite a dormir.

Un arreglo para relajar el sueño

"La almohada de plumas y la colcha son al reposo lo que la champaña y el mousse de chocolate son a la dieta".

Lynne Sharon Schwartz, novelista

¿Es tu habitación propicia para un sueño profundo? Tu espacio para dormir debe ser tranquilo, cómodo, limpio y acogedor. Si bien la confusión mental puede evitar que concilies el sueño, el desorden físico en tu habitación, como montones de ropa sucia, pilas de revistas o demasiados objetos, también puede distraer. Dedica algún tiempo a arreglar el desorden.

Además, no permitas que tu habitación funja la doble función de minioficina. Pon el escritorio y la computadora en otro cuarto o fuera de tu vista. Reubica la televisión y la contestadora. Si tienes el teléfono junto a la cama para incrementar tu sentido de seguridad, pon el timbre en lo más bajo. Reserva tu cuarto sólo para tres cosas: el sueño, la reflexión y el romance.

De acuerdo con los principios del *feng shui*, el antiguo arte oriental de la colocación de objetos, poner tu cama en forma correcta puede mejorar tu sueño así como tus relaciones. Para una salud óptima, nunca pongas tu cama en línea directa con una puerta o un baño. No coloques tu cama en el rayo de luz ni guardes cosas debajo de ella.

Para transformar tu habitación en un santuario de descanso, elimina obras de arte, colchas, cubiertas de paredes y adornos de ventana brillantes o distrayentes. Para tener entornos serenos, añade telas colgantes y música suave. Decora con azules y verdes ligeros. Ve sólo belleza gentil desde tu cama para mejorar tu ánimo y la calidad de tu sueño.

Haz de tu cuarto un refugio de relajación al revisar revistas, recortar fotografías y crear un archivo de escenas de habitación serenas. ¿Qué te agrada de estos cuartos? Encuentra las similitudes en colores, formas y texturas. Elige tres cosas que podrías cambiar en tu habitación para hacerla más relajante.

Las posadas que ofrecen alojamiento y desayuno pueden ser inspiradoras. Sus dueños suelen atraernos con habitaciones con temas específicos y servicios especiales. ¿Alguna vez te has hospedado o has querido hospedarte en la Habitación Jardín, la Habitación Emily Dickinson o la Habitación Azul? Copia algunas de estas características y pequeñas complacencias en tu propia casa como un esquema decorativo, colores suaves, flores frescas, una cama endoselada o un cómodo sofá con cabecera. Lo más importante es aprender a asociar el sueño y la calma con tu habitación para descansar.

Un baño fresco y tranquilo

¿Tu baño es lo bastante fresco? Baja el calor para ahorrar en los recibos de combustible y al mismo tiempo crear un ambiente ideal para dormir. Ajusta el termostato a la temperatura que se recomienda para dormir, 18 grados centígrados (65 grados F). ¿Debes dormir con las ventanas abiertas o cerradas? Como es obvio, depende de tu nivel de comodidad y de dónde vivas. Debes considerar los factores de seguridad, el ruido y las corrientes. Pero los cuartos mal ventilados pueden impedir el sueño profundo y abrir un poco la ventana puede ayudar. Después de una semana, decide si la nueva temperatura está bien para ti.

Pies calientes para un sueño profundo

Para mejorar el sueño durante los meses de invierno, asegúrate de agregar a tu cuarto fresco, calcetines cálidos y una botella de agua caliente. Los pies calientes son un sedante natural. Los estudios demuestran que ayudan a conciliar el sueño más que las comidas relajantes y los suplementos.

Además, defiéndete de ruidos que no puedes controlar como los sonidos de la calle o de los aviones, y de los que sí puedes, como el volumen del estéreo y la televisión. Cubre los ruidos desagradables de nivel bajo consistente del sonido de fondo de una máquina de "ruido blando" o un ventilador. Muchas personas piensan que el zumbido constante los arrulla. Prueba otras estrategias ante el sonido, como poner cortinas y alfombras para aislarte del sonido de habitación o departamentos conjuntos. Las cortinas pesadas ahogan el ruido exterior. Los tapones de oídos pueden ser otra defensa.

Los estudiantes universitarios a menudo aplican la política de "silencio" de los dormitorios después de las 10 PM. ¿Qué política puedes adoptar en tu casa?

Muchas habitaciones son muy secas sobre todo en invierno. Si sufres de sangrados nasales o garganta irritada o seca, puede deberse a una falta de humectación. Considera comprar un humidificador y no dejes de revisar las instrucciones del fabricante; si es posible, agrega unas gotas de aceite esencial de lavanda, manzanilla u otra fragancia que sea sedativa.

Las alergias también contribuyen a la deficiencia de sueño. Lava la ropa de cama de manera regular con agua caliente para eliminar los ácaros.

Consulta a un especialista en alergias o a un profesional de la salud para informarte sobre cómo comprar un filtro de aire y usar los métodos más modernos para reducir los ácaros, el moho y otros alergenos que se transportan por el aire.

Formas de mejorar el sueño

Los antropólogos nos recuerdan que la gente en muchas culturas ha dormido bien en el piso y en pieles, esteras y plataformas de madera. Las almohadas y los apoyos para la cabeza alguna vez fueron raros; los colchones extrafirmes, los box springs y los futones son invenciones de la era moderna. Por fortuna, mejoran la experiencia del dormir, igual que las sábanas placenteras y las almohadas esponjadas. Otros detalles prácticos y estéticos pueden transformar el espacio en que duermes en tu propia cuna de confort.

Primero evalúa tu cama. ¿Está vieja y deformada? ¿Se hunde? Si es así, cambia de colchón. La tendencia es hacia camas más grandes y colchones más gruesos. Elegir un colchón incluye combinaciones de resortes internos o muelles, cojinetes de espuma, futones, camas de aire y de agua.

Estas elecciones son subjetivas. *La Carta de Bienestar de la Universidad de Berkeley*, en California, explica: "La idea de que hay una cama 'ideal' existe básicamente en los anuncios publicitarios. No existe consenso científico de cuál es el colchón bueno". Para fines prácticos, revisa los reportes de los consumidores al comprar un colchón,.

Después de un largo día largo lleno de estrés, asegúrate un buen descanso. Sumérgete en las caricias de una cama de plumas. Consiéntete con cobertores cómodos y una colcha afelpada. Más adelante hay una buena opción para elegir cobijas, pero las alternativas sintéticas son más fáciles de lavar y reducen las reacciones alérgicas. Las versátiles cubiertas de lana y seda o algodón, que en esencia son fundas para las almohadas de la colcha, son telas modernas para fines decorativos y factores de temporada, además de ser fáciles de lavar.

"Siempre compra una buena cama y un buen par de zapatos. Si no estás en uno, estás en el otro".

Gloria Hunniford, conductora de un programa inglés

Compra las sábanas más suaves que puedas encontrar. En una encuesta reciente, de 500 mujeres en Estados Unidos, el 93% dijo que creían que las sábanas de calidad producen un mejor sueño y algunas recomiendan la seda o el satín. Elige sábanas de algodón para mantenerte fresco en el verano y prueba con un juego de franela para calentarte en el invierno. También considera el conteo de tejido de la sábana por pulgada cuadrada. El mayor conteo de tejido denota mayor calidad, durabilidad y costo. Las sábanas con 200 o más hilos por pulgada cuadrada son más suaves.

Compra una nueva almohada. Las almohadas de plumas son costosas pero cómodas y suelen durar más que sus contrapartes sintéticas. Elige una basada en soporte y confort. La capacidad de una almohada para sostener tu cuello y columna en la alineación correcta, está relacionada con tu posición al dormir. Quienes duermen de lado se benefician con una almohada de espuma firme. Una almohada adicional entre las piernas ayuda a reducir la presión en la espalda baja y la cadera. A quienes duermen boca arriba les conviene una almohada más chata o una llena de plumas suaves. Evita dormir boca abajo si es posible, pues esta postura pone la mayor tensión en tu espalda.

No olvides sustituir tus almohadas "rotas". Prueba una al doblarla a la mitad; si la almohada permanece doblada y no regresa a su posición original, es momento de comprar una nueva.

¡Qué se haga la luz!

El descubrimiento del foco cambió a nuestra sociedad de una que giraba alrededor de las limitadas horas de luz natural, a nuestro estilo de vida actual, de 24 horas. La electricidad hizo posible que nos levantáramos antes de la salida del sol, que trabajáramos todos los turnos y que se prolongaran las actividades nocturnas cuanto se deseara. Pero la luz artificial contribuye a la disminución del número de horas promedio que dormimos y pone fuera de sincronía nuestros ciclos naturales.

La iluminación de la habitación debe ser suave, no brillante. Algunas personas son muy sensibles a la luz cuando tratan de dormir. Apaga la televisión y tapa los relojes brillantes. Si las luces de la calle te mantienen despierto, usa cortinas oscuras o un antifaz para evitarlas.

Cuando te levantes al baño durante la noche o despiertes con un sueño y quieres escribirlo, mantén las luces bajas. Los focos brillantes pueden engañar a tu cuerpo con que es de mañana y hora de levantarse. Usa interruptores con diferentes intensidades y luces de noche en los pasillos oscuros y en los baños. Compra una pequeña lámpara o pluma con luz si quieres hacer notas a la mitad de la noche.

Si te cuesta trabajo conciliar el sueño, da un paseo a la luz del día temprano por la mañana. La luz brillante en la mañana y tenue en la noche ayuda a mantener nuestros cuerpos en sintonía con sus ritmos naturales. Los relojes de alarma con luces especiales, llamados simuladores del amanecer, recrean la salida gradual del sol de la mañana y pueden ayudarte a recibir el día con más facilidad.

Trastorno afectivo de temporada

¿Duermes más en invierno pero te sientes menos descansado? El clima gris y nublado puede afectar tu ánimo así como tus hábitos de sueño. La menguante luz del invierno parece causar un trastorno afectivo de temporada (TAT), que se estima afecta a más de 10 millones de estadounidenses adultos.

Los efectos del TAT se han comparado con los del caso continuo de cambio de horario después de un viaje. Las víctimas del TAT están propensas a despertar en la mañana con la sensación de que aún fuera de madrugada. Otros síntomas de esta forma de depresión clínica con base fisiológica son el letargo, comer más y tener muchos antojos de carbohidratos, subir de peso, sentirse melancólico y dormir más que de costumbre.

La terapia ligera parece ayudar. Los expertos recomiendan dar paseos temprano por la mañana en exteriores y usar una lámpara comercial o una visera con luz en interiores.

6

Estrategias de autoayuda

¡No seas víctima del insomnio! Muchas personas soportan la frustración y fatiga de noches sin dormir, resignados a lo que consideran el destino inevitable. Si bien no tienes control consciente sobre el sueño, puedes cambiar tus circunstancias para tratar de dormir mejor.

Trata de fortalecer las estrategias de autoayuda con rituales calmantes, baños relajantes, modificación del comportamiento, siestas, ejercicio e inspiración en otros, para alterar tus actitudes sobre el sueño y reducir las ansiedades que te lo quitan. Utilizar estas técnicas aumentará tus probabilidades de transformar largas noches de insomnio por noches de más descanso.

Rituales para dormir

"¡Qué buena noche para dormir! De todo lo que escucho: es la mejor noche para dormir en muchos años!

Dr. Seuss

Los padres a menudo crean rituales calmantes para dormir a sus hijos. Un baño, después un tiempo juntos en una mecedora y una canción de cuna o un cuento leído en voz alta, le dan a la noche una estructura esperada que ayuda a los pequeños a liberar el día poco a poco. Los adultos también necesitan formas relajantes para cambiar del ajetreo a noches más lentas y tranquilas.

Los rituales para dormir son de gran ayuda para quienes tienen vidas agitadas llenas de toma de decisiones y crisis. No se requiere mucho pensamiento cuando has diseñado una rutina de descanso, pues el ritmo preestablecido crea un ciclo de espera placentero.

Lineamientos del sueño

- ★ Establece un horario para dormir: acuéstate a la misma hora todas las noches y despierta a la misma hora todas las mañanas. Cuando esto no sea posible, recuerda que ir a la cama de manera regular cada noche es de utilidad, pero despertar a la misma hora es aún más importante.
- ★ Permítete dormir lo suficiente. Toma siestas cuando sea necesario.
- ★ Si necesitas ponerte al corriente en tu sueño durante el fin de semana, extiende tu tiempo de sueño sólo por una o dos horas.
- ★ Crea rituales para dormir que te tranquilicen y ayuden a tu transición a dormir.
- ★ No trates de dormir a fuerza; no funcionará. Cuando los investigadores del sueño ofrecieron 25 dólares a voluntarios si podían quedarse dormidos rápido, los sujetos tardaron el doble de tiempo en conciliar el sueño que los voluntarios que no tenían está tentación y la presión.

Tradiciones para ir a la cama

Elige entre estas ideas para crear tu propio ritual:

- ★ Toma un baño caliente de hierbas.
- ★ Entra a un sauna o en una tina caliente.
- ★ Cierra la puerta de la habitación para estar tranquilo.
- ★ Relájate en una silla cómoda.
- ★ Escucha música instrumental ligera.
- ★ Lee las páginas de una revista.
- ★ Reflexiona acerca de alguna lectura que te inspire.
- ★ Escribe un diario o anota una nota personal.
- ★ Llama a un buen amigo.
- ★ Saborea una taza de té herbario.
- ★ Haz algunos ejercicios de estiramiento ligeros.
- ★ Reza.
- ★ Respira profundo.
- ★ Canta una canción.
- ★ Ve fotografías de unas vacaciones relajantes.
- ★ Teje o borda.
- ★ Mira las estrellas.
- ★ Imagina que duermes plácidamente.

¿Necesitarás algo? Tal vez quieras comprar sales de baño, un cuaderno para hacer notas, una nueva novela o un disco compacto.

Para diseñar tu propio ritual para dormir, elige una de las tres nuevas maneras de relajarte. Prueba estas actividades por siete noches. Al final de la semana, pregúntate si estuviste más relajado en la noche, si fue más fácil conciliar el sueño y si tu comodidad general al dormir mejoró. Agrega o cambia actividades con base en tu evaluación honesta. Recuerda que toma tres semanas crear un nuevo hábito y tres meses que ese hábito se vuelva parte de tu naturaleza.

Ansiedades de la noche

El popular autor Wally Lamb describe sus preocupaciones de la noche en una frase intensa. Mientras tenía la presión sobre su segunda novela, que aún no escribía, dijo "al principio la pasé muy mal. Me despertaba asustado a las 2 de la mañana y permanecía despierto el resto de la noche: fueron momentos difíciles".

"Ella no sabe qué le impide dormir más, si el futuro o el pasado".

Alice Hoffman, novelista

¿Cuántos de nosotros hemos tenido noches como ésa? El asunto pendiente que nos mantiene preocupados durante el día y despiertos por la noche puede incluir detalles prácticos de trabajo, proyectos en casa o emociones que aún se lleva, como ira o miedo. Al tiempo que colocamos la cabeza en la almohada, nuestro cronista deportivo interno puede empezar una repetición de los errores del día, así como de las anotaciones. Aquí hay algunas técnicas que pueden ayudar a disminuir el tiempo y energía que gastamos en esta gimnasia mental.

K. Albert, doctora en medicina y filosofía, antigua directora de un laboratorio de sueño en la ciudad de Nueva York, dice en su libro *Duerme bien*, "tu vida en lo que se refiere a dormir y a despertar es una sola". Para tratar los problemas de sueño con efectividad, debemos primero descifrar cómo ambos factores interactúan.

La doctora Albert sugiere que un acercamiento directo y lógico puede no funcionar siempre, y que una perspectiva diferente, una que usa nuestro lado intuitivo y lúdico, puede proporcionar respuestas útiles. Ella sugiere completar declaraciones reveladoras como las siguientes:

1. Si pudiera pedir un deseo acerca de mi sueño, sería ________.
2. La última vez que concilié el sueño con facilidad fue ________.

3. Sé con exactitud lo que debo hacer para recuperar mi sueño, y eso es _______.

Tus respuestas espontáneas pueden darte claves sobre la causa de tus problemas de sueño y encaminarte en la dirección de soluciones creativas.

También puede ayudar escribir un diario. Los investigadores han encontrado que escribir un diario beneficia la salud emocional y física. Los registros regulares te ayudan a acelerar tus pensamientos y sentimientos, muchos de los cuales, cuando no se les reconoce, impiden el sueño. Una persona que ha llevado un diario durante mucho tiempo explica: "Durante momentos de estrés, cuando la ansiedad me mantiene despierto por la noche, vaciar mis preocupaciones en papel me calma y me permite dormir bien".

"La diversión es algo que los adultos nunca tienen antes de la hora de dormir, sólo después".

Judith Viorst, poeta y periodista

Algunas personas notan que cuando llevan una lista de actividades, rumian menos antes de dormir y no despiertan con tanta frecuencia inquietos por una tarea olvidada. Al final del día laboral o antes de cenar, toma 5 ó 10 minutos para revisar tus logros del día, y cualquier actividad que no hayas hecho. Compila una lista de las cosas que planeas hacer el día siguiente y colócalas en orden de importancia.

Un cuaderno y una pluma en tu buró pueden atrapar cualquier recordatorio que llegue tarde por la noche.

El insomnio puede convertirse en una profecía de autorrealización. El ciclo de miedo se acentúa por preguntas frenéticas como "¿y si no puedo dormir de nuevo esta noche? Ya no puedo perder más sueño". Si esto te suena familiar, ten fe: volverás a dormir.

Hablar con un amigo puede ayudarte a recuperar la perspectiva. La presión por dormir exacerba el problema. Alivia un poco el estrés al darte alternativas como despertar tarde de manera ocasional o un día libre después de una noche sin dormir. Si piensas que tu insomnio se relaciona con la depresión o ansiedad, consulta a un profesional de salud mental, quien puede ayudarte a encontrar la causa de tus problemas de sueño y a elegir estrategias para solucionarlo. En un estudio, más del 75% de las personas que padecen insomnio y recibieron psicoterapia se beneficiaron de la experiencia.

Ejercicio para dormir tranquilo

Uno de los maravillosos beneficios del ejercicio que promueven la salud es que el ejercicio puede ayudar a mantenerte despierto y mejorar tu sueño por la noche. Más del 70% de la gente dice que no hacen ejercicio porque están muy cansados; pero lo que quizá no sepan es que el ejercicio es un estupendo liberador de estrés. Cuando rompes el ciclo de fatiga e inactividad, recibes energía por el movimiento y la recompensa es la consiguiente relajación.

En un estudio, los adultos que hicieron ejercicio moderado cuatro veces a la semana durante 30 ó 40 minutos tuvieron gran mejoría en su sueño, a diferencia de las contrapartes sedentarias. Quienes hicieron ejercicio durmieron cerca de una hora más por la noche, les tomó menos tiempo conciliar el sueño y tomaron menos siestas durante el día. Otra encuesta encontró que los que caminaron por lo menos seis cuadras al día, a velocidad normal, tuvieron una probabilidad menor de un tercio de tener problemas para permanecer dormidos, que los que no caminaron. La gente que caminó un poco más rápido, de hecho eliminó el riesgo de trastornos de sueño en un 50%.

El ejercicio diario también ayuda a disminuir los riesgos de una amplia gama de problemas, desde un mal cardiaco hasta depresión e insomnio. La inactividad está vinculada a por lo menos 15 enfermedades crónicas. Se recomiendan 30 minutos de ejercicio moderado al día.

El ejercicio con pesas nos mantiene fuertes y flexibles, y detiene la osteoporosis. Si los dolores en músculos o articulaciones te mantienen despierto, prueba con movimientos de estiramiento ligeros para aliviar la rigidez y el dolor. El yoga, el tai chi y la calistecnia involucran movimientos que incrementan la flexibilidad.

Haz una cita de ejercicio contigo mismo. Ve a correr, a andar en bicicleta, a nadar o trabaja en el jardín. Establecer una clase de aerobics en un gimnasio o un centro de la comunidad puede motivarte a seguir adelante; incluso es mejor si te inscribes con un amigo. Lo que sea que hagas, la clave es la constancia.

Elegir el momento correcto para las sesiones de ejercicio también es importante. Quienes hacen ejercicio temprano por la mañana suelen estar complacidos por haber realizado la tarea antes de las actividades requeridas del día, pero en general, el ejercicio matutino no afecta el sueño de la noche. A decir verdad, quienes hacen ejercicio al principio del día, sobre todo si se levantan más temprano para poder hacerlo, parecen alcanzar la cima de su energía por la tarde y se cansan después de la merienda.

El ejercicio vespertino parece tener los mejores beneficios para quienes batallan para dormir. Ayuda a incrementar la alerta en la tarde y profundizan el sueño por la noche. Sin embargo, no hagas ejercicio en las tres horas anteriores a que te vayas a la cama. Este colchón de tiempo permite que tu cuerpo se relaje y reajuste su temperatura.

Ve a dormir cuando tengas sueño

Acuéstate cuando tengas sueño. Mucha gente se va a la cama cuando creen que deben y no cuando están cansados. Si bien este consejo parece contradecir el consejo de higiene de sueño acerca de apegarse a un horario, si sufres de insomnio, quizá necesites aprender a determinar el mejor momento para ir a dormir. Conforme te acercas al horario definido para dormir, pregúntate: "¿Estoy cansado? ¿Cuántas horas dormí anoche? ¿Qué tan activo he estado hoy? ¿Estoy listo para dormir?"

Si no puedes dormir, levántate. A menudo el insomnio es un signo de que estamos fuera de sincronía con nuestros ciclos y hábitos. Si tienes insomnio, quizá necesites volver a aprender prácticas saludables para dormir.

Richard Bootzin, doctor en filosofía, experto en sueño, desarrolló una técnica conductual que enfatiza la importante asociación entre tu cama y conciliar el sueño de manera rápida y sencilla. El Dr. Bootzin recomienda que si te has quedado dormido 10 minutos después de meterte en la cama, debes levantarte. No tomes siestas por la tarde ni leas o veas televisión en la cama. Si despiertas durante la noche y no puedes dormirte de nuevo en 10 minutos, aplica la misma regla: levántate. Vuelve a la cama sólo cuando te sientas cansado.

Al principio, una persona que padece de insomnio puede levantarse varias veces durante la noche. Pero si el insomnio es producto de un hábito que trastorna el sueño, esta técnica puede ayudar a sustituir una rutina nueva y mejor. Los estudios muestran una marcada mejoría en el sueño después del uso consistente de esta técnica en un periodo de dos semanas.

Otros expertos del sueño enfatizan los aspectos reparadores del descanso. Deepak Chopra, doctor en medicina, desacuerda con esta sugerencia de levantarse y hacer algo cuando no estás durmiendo. Él cree que incluso si no puedes dormir, tendrás beneficios por la relajación.

En su libro *Sueño reparador*, Chopra recomienda que una vez que te metes en la cama, debes "asumir una posición cómoda y no preocuparte por dormir. Deja que tu mente vague con libertad. Toma la actitud de que descansaras tanto como la naturaleza quiera en ese momento, tanto como necesites, incluso si no estás durmiendo. El sueño vendrá de manera natural cuando venga y mientras tanto tienes el beneficio del descanso valioso y el rejuvenecimiento de todo tu sistema".

Revitalízate con una siesta

Las siestas son fabulosas luchadoras contra la fatiga. Sin necesitar comprar equipo o aprender técnicas, las siestas nos ayudan a relajarnos y a remediar la somnolencia durante el día. Considera las siestas como sueño placentero vespertino y natural, y toma tu manta y una almohada para dormir en cualquier lugar. Si te sientes culpable y temes perder tu trabajo o reputación, considera las siestas como sueño productivo vespertino y normal.

"Nunca tomes una decisión importante hasta que hayas tomado una siesta".

Sarah Ban Breathnach, escritora

Los críticos de las siestas las comparan con comer refrigerios, y advierten que ambas cosas pueden arruinar tu apetito de la "comida real". En una encuesta de personas comprometidas con las siestas, los que durmieron durante el día se quejaron de haber recibido miradas de desaprobación de sus padres, compañeros de cuarto o esposos, y se les acusó de ser perezosos.

Quienes toman siestas a menudo se sienten culpables por su aparente permisividad. Pero los descansos para dormir durante el día pueden aminorar tu deuda de sueño y permitirte ser más eficiente y creativo. Una siesta rápida proporciona alivio saludable para el estrés.

Algunos estudios de investigadores universitarios muestran que las "siestas profilácticas" o tomar siestas en previsión de una larga actividad, pueden mejorar la memoria, el ánimo, el juicio y la creatividad. Las siestas también pueden disminuir accidentes al conducir o en otra situación. ¡Todo por cerrar los ojos un poco!

¿Cómo afectan las siestas el sueño durante la noche? La oportunidad lo es todo. El adormecimiento que se da entre las 2 y las 4 PM, cuya señal es una caída en la temperatura de nuestro cuerpo, es un momento preciso para relajarse y acurrucarse. Pero no tomes siestas más tarde. Si lo haces, puede ser más difícil conciliar el sueño por la noche. Las mejores siestas duran de 20 minutos a una hora. Si duran más, hay una buena probabilidad de que despertarás sintiéndote vacilante y no descansado.

¿Dónde debes tomar siestas? No desperdicies tu preciado tiempo para la siesta quedándote dormido frente a la televisión. Ponte cómodo. En casa, la cama y el sofá compiten de manera cerrada como el punto predilecto. La gente menciona una variedad de extraños lugares para tomar la siesta cuando no están en casa, ¡el auto, el cubículo de la biblioteca o el banco de un baño! Alrededor de uno de cada seis adultos informan que sus jefes les permiten tomar siestas en el trabajo.

Personas notables que toman siestas

Muchos presidentes y otros políticos, actores y artistas, y otras celebridades tienen algo en común, toman o tomaban siestas. Únete a la lista de famosos que toman siestas, donde está John F. Kennedy Jr., Winston Churchill, Sofía Loren, Leonardo Da Vinci, Albert Einstein y Rip van Winkle.

¿Tienes una temporada favorita para tomar siestas? Imagina un fin de semana de invierno, recién llegaste de esquiar o apalear la nieve: un tazón de sopa caliente, seguido de una siesta vespertina. O una siesta en las vacaciones de verano, en la playa o en el hotel, como la transición perfecta entre el paseo vespertino y una cena ligera. Visualiza el lugar y momento para tu siesta perfecta.

"La gente que toma siestas es más creativa cuando está despierta".

Sark, escritor

Tranquilízate con un baño sedante

El agua calma nuestros sentidos de manera natural. Ya sea escuchando el sonido del agua, sentado en la orilla del agua, nadando, sumergido en un tratamiento de hidroterapia en un *spa* o en la comodidad de tu propia tina, encontrarás que el agua es relajante.

Fisiológicamente, los baños fomentan el descanso, pues existe una correlación entre la temperatura del cuerpo y el sueño. La temperatura de nuestro cuerpo tiene una fluctuación normal de entre uno y dos grados; alcanza el máximo en al final de la mañana o principio de la tarde y desciende por la noche. Nos da sueño cuando la temperatura de nuestro cuerpo cae por la noche. Ese descenso se acentúa cuando nos tranquilizamos después de un baño.

Cierra la puerta del baño y olvídate del mundo. Llena la tina con agua caliente y baja las luces o usa velas para iluminar el espacio con suavidad. Prueba con una máscara de ojos o compresa para aliviar los ojos cansados y tensar los músculos de las sienes. Recuéstate en una almohada a prueba de agua o coloca una toalla enrollada detrás de tu cuello. Pon una pieza de música instrumental. Quédate solo y deja que el día se vaya. Este ritual proporciona una invitación gentil a dormir.

También puedes relajarte con una ducha. De manera errónea se considera a las duchas como el hermano estimulante de los baños más sedativos. Sin embargo, las duchas con vapor pueden ser placenteras y relajantes. Permanece ahí por un rato y deja que el agua dé masaje a tus músculos tensos.

Para duplicar los beneficios, prueba con un baño con relajantes sales de Epsom. Después de un día agotador, afloja los músculos tensos en una tina con dos tazas de sales de Epsom y agua caliente (estimulante, pero no abrasadora). Sumérgete en el baño y descansa con una toalla o almohada de baño detrás de tu cabeza. Cuando el agua empiece a enfriarse, levántate y abre la regadera. Enjuágate con un chorro de agua fría, después termina con una corriente caliente.

Toma tu paso, planea y prepara

Como cantaban Simon y Garfunkel, "tranquilízate, vas muy rápido". El ritmo acelerado de la vida contemporánea, marcado por más responsabilidades y actividades, deja poco tiempo para descansar y reabastecer nuestras reservas.

Toma tu paso

"Si te has movido rápido por el camino en años recientes, quizá necesites dormir con desesperación".

Elaine St. James, escritora

Nos tratamos de manera mecánica, como si pudiéramos encendernos y apagarnos con la facilidad de un interruptor de luz. Esperamos ir directo del ajetreo al sueño, después, despertar en la mañana siguiente alertas y listos para entrar en acción. Sin embargo, necesitamos tiempo para movernos de una fase a otra.

Imagina una noche ideal o una mañana perfecta. ¿A qué hora irías a la cama y a qué hora despertarías para dormir suficiente? ¿Apartarías algún tiempo para hacer estiramientos o ejercicio? ¿Escribirías en tu diario o harías oraciones? ¿Cómo recibirías el nuevo día y cómo lo terminarías? Diseña momentos para dormir y despertar llenos de gracia, al incorporar algunas de tus ideas en tu horario de la semana.

Planea el futuro

Suele ser difícil dormir la noche anterior a un evento importante. Justo cuando se necesita dormir bien para fortalecernos ante las exigencias de una entrevista de trabajo o los placeres de unas vacaciones, nuestra ansiedad nos puede mantener despiertos. Una solución es no llenarnos de actividad. Designa un tiempo extra para la preparación mental y física. Haz tu maleta o revisa antes tus notas. Después usa el tiempo justo antes de dormir para tomar un baño, un masaje u otra forma de relajación.

"A menudo observo que si me acuesto planificando los problemas del día, suelo despertar con una solución".

Art Spiegelman, escritor y caricaturista

Enfrenta el mañana preparado

¿Anticipas el mañana de manera placentera o le temes con ansiedad? La forma en que te sientes acerca de las actividades del día siguiente puede afectar tu sueño. Enfrentémoslo, las mañanas en casi todos los hogares son caóticas. Está el coro de relojes de alarma, discusiones sobre a quién le toca bañarse, la búsqueda de zapatos perdidos, desayunos que servir, almuerzos que hacer, e inspecciones para ver que todos lleven la mochila correcta; después preguntarte conforme sales: "¿le di de comer al perro?" Mucha gente elige solucionar el problema de las atareadas mañanas con despertar muy temprano o alargar la noche, gastando la preciosa hora antes de dormir para hacer todo. ¿Qué más puedes hacer?

Un enfoque efectivo de largo plazo envuelve planificación, preparación y repartición de responsabilidades. Designa un tiempo para preparar a la familia. Toma 30 minutos al final de la tarde para preparar las actividades del siguiente día. Mientras cocinas la cena, haz que los niños arreglen su mochila o alisten la ropa del día siguiente. Diseña, delega y elimina; delínea lo que se debe hacer, elimina lo que puedas y acuéstate a tiempo.

Cómo se las arreglan otras personas

Saber que no eres el único que ve televisión hasta tarde por la noche, o escribe correos electrónicos en las primeras horas de la mañana, puede ser reconfortante pero no te ayuda a recuperar las horas de sueño que necesitas para sentirte fresco mañana. ¿Cómo enfrentan el insomnio otras personas? Pregunté a un número de personas qué hacen. Enseguida hay un conjunto de respuestas que recibí:

★

"Me relajo al llamar a un buen amigo que trabaja en un segundo turno. Si no puedo dormir, alrededor de la medianoche, hablamos por teléfono media hora o algo así, lo que nos ayuda a ambos a serenarnos".

★

"Salgo. Aunque sea tarde y haga frío. Respirar unos minutos aire fresco y ver las estrellas me ayuda a regresar a la cama".

★

"Mi madre acostumbraba servirme leche caliente por la noche. Todavía parece funcionar; quizá sea por los minerales o por estar en la cocina, o tal vez sean sólo los recuerdos, pero me ayuda a dormir".

★

"¿Has leído *Abundancia Simple*? El autor sugiere llevar un 'diario de gratitud'. Ahora cuando no puedo dormir, me levanto y escribo cinco cosas que pasaron en el día, grandes o pequeñas, por las que estoy agradecido. Siempre me pone las cosas en perspectiva y me dejo de preocupar por las cosas malas como para no poder dormir".

★

"Leer me hace dormir. Leo libros o revistas, siempre y cuando no sean de suspenso o tristes. Cuando leo en la cama, a veces, por primera vez en el día dejo de moverme. En verdad disfruto 15 minutos de tranquilidad y después concilio el sueño con facilidad".

★

"Pongo algún disco compacto nuevo y me recuesto con una compresa caliente en mi cabeza. Me quedo dormido".

"¿Cómo se va la gente a dormir? Me temo que he perdido la habilidad".

Dorothy Parker, poetisa y humorista

★

"Cuando no puedo dormir, mi pareja me da un masaje. Mmmm, frota mi espalda y pies, y me pone fuera de juego".

★

"Me siento y toco una melodía en el piano. No trato de aprender una nueva, sino de tocar una de mis favoritas, vieja y fácil. Interpretar es un alivio".

★

"Reviso el día hacia atrás en mi cabeza. Solía preocuparme, sobre todo, lo que no había hecho. Ahora me sorprende lo mucho que he logrado. Me siento en paz y luego puedo conciliar el sueño".

★

"Cuando tengo problemas para dormir durante varios días, decido estar muy ocupado al día siguiente. Tan sólo me canso y a la hora de dormir, me duermo rápido; casi cuando pongo la cabeza en la almohada".

★

"Estar fuera y activo durante el día me ayuda a dormir por la noche. Realizar actividades de temporada, como hacer jardinería, nadar, esquiar y cortar madera. Creo que tanto el esfuerzo y el contacto con la naturaleza, ayuda.

7

Relájate, te está dando sueño...

¿Te acuestas despierto con preocupación por las cuentas por pagar, los niños, tu salud o lo que el jefe dijo ayer? Mientras estás en la cama, ¿planeas el itinerario de tus próximas vacaciones o esbozas la siguiente Gran Novela Americana? Tus propios pensamientos pueden ser el mayor obstáculo para que duermas bien.

Si tus ideas y ansiedades te impiden dormir, hay un número de métodos que puedes usar para calmar tu agitada mente y aliviar la tensión corporal. Aprende a usar dos de tus aliados naturales para entregarte al sueño: tu respiración y tu imaginación. Las técnicas de relajación, como la relajación muscular progresiva, yoga, terapia de música, meditación, masaje y ejercicio, pueden también aumentar tu habilidad para dormir profundamente.

Aminora el estrés

De acuerdo con un estudio reciente, la gente que practicó técnicas de reducción de estrés al separarse de las píldoras para dormir, durmió mejor y tuvo menos síntomas por la separación, que aquellos que no usaron métodos de manejo del estrés.

La investigación también ha mostrado que las personas que combinan técnicas de relajación con otros métodos naturales para inducir el sueño, gozaron de un sueño más profundo y reparador.

Practica la respiración profunda

¿Aprender a respirar? ¿Qué hay que aprender? ¿No es un proceso natural? Sí, pero...

El estrés, la postura deficiente y nuestra obsesión cultural por tener un abdomen firme son obstáculos para respirar bien. Para una salud óptima, la respiración debe ser completa y rítmica, se debe usar el diafragma y las costillas para llenar y vaciar los pulmones. Cuando haces una respiración completa y con el diafragma, existe un flujo suave de aire que entra y sale de tus fosas nasales. Conforme aspiras, tu estomago y pecho se expanden y suben; al exhalar, se contraen. Debe haber poco ruido, si acaso lo hay.

"Si tuviera que limitar a uno mis consejos para vivir con salud, tan sólo sería aprender a respirar bien".

Andrew Weil, doctor en medicina

Puedes aliviar la ansiedad del final del día al alterar a voluntad el ritmo y profundidad de tu respiración. La relajación que surge de respirar profundo puede ayudar a que tú te relajes y llegue el sueño. Para descargar el estrés y alistarte para dormir, practica una par de respiraciones limpiadoras. Toma una respiración profunda por la nariz y después déjala salir por los labios con intensidad, como si apagaras una vela. Repite.

Respira hasta que te duermas

Janet Wilson, quien ha enseñado yoga durante más de 25 años, recomienda esta técnica respiratoria para la gente que tiene problemas para dormir. Combina dos elementos importantes de la relajación: respiración profunda y enfoque mental.

1. Recuéstate sobre tu espalda en la cama. Toma cuatro respiraciones con el diafragma (largas, lentas y profundas) por la nariz.
2. Ponte sobre tu costado izquierdo y toma ocho respiraciones con el diafragma.
3. Regresa a la posición original y toma 16 respiraciones.
4. Después (si aún estás despierto), ponte sobre tu costado derecho y toma 32 respiraciones.
5. Continúa en esta secuencia, con el doble de respiraciones en cada turno.

Janet me asegura que la gente suele dormirse mucho antes de agotar sus habilidades matemáticas.

Prolongar tu exhalación y después aguantar después de sacar todo el aire también es muy relajante. Para tener beneficios por las respiraciones lentas y calmantes, aspira lo que puedas mientras cuentas hasta cuatro en silencio; contén hasta que cuentes a uno, poco a poco exhala mientras cuentas hasta ocho, y después aguanta mientras cuentas a cuatro. Imagínate respirar en quietud e inmovilidad y exhalar el ruido y la tensión.

Otra técnica es recostarte cómodo sobre tu espalda en la cama. Concéntrate en tu respiración. El sólo poner atención en ella sin intentar cambiarla puede empezar a calmarte. Después de un par de minutos, pon una mano en tu pecho y la otra en tu abdomen. Crea una onda quieta entre tu pecho y estómago al espaciar y profundizar tu respiración. También puedes alterarla mientras escuchas música instrumental lenta.

Ejercicios de visualización

Ve películas tranquilas y que se dirijan a la reflexión antes de ir a la cama. Cuando visualices, usa tu imaginación como aliado para optimizar tu sueño. Visualizar ideas apacibles emplea a tu centro creativo, y concentrarte en una imagen repetitiva deja poco espacio cerebral para las preocupaciones que no te dejan dormir.

Como director de una fantasía interna enfocada y relajada, puedes imaginar una escena con todos tus sentidos. Por ejemplo, cuando escucho la letra "imagínate a ti mismo en una barco, en un río, con árboles de mandarina y nubes de mermelada", no sólo tengo la visión de un sitio apacible, sino también imagino el ligero viento en mi piel (cómo se siente) y una aroma tenue y dulce (cómo huele).

"La imaginación es la verdadera alfombra mágica".

Norman Vincent Peale, clérigo y escritor motivacional

¿Quieres probar la visualización para relajarte y dormir? La inspiración para escenas calmadas proviene de la experiencia personal (¿recuerdas esa playa aislada que una vez visitaste?) o puede encontrarse en las fotos de postales o en revistas orientadas a la naturaleza. ¿Cómo luce, se siente y huele tu lugar apacible? ¿Es cálido y soleado, o fresco y vigorizante? No incluyas a otra gente en la imagen; el lugar es sólo tuyo. Aquí hay algunas imágenes para inspirarte a crear tus propias películas:

- Cuenta ovejas. Esta vieja práctica aún tiene mérito. Imaginar corderos que saltan mientras estás acostado, es una forma sencilla de relajarte con una imagen serena y un enfoque mental sin complicaciones.

- Sustrae estrés. Los estudios muestran que cuando la gente cuenta de más a menos, experimenta cambios fisiológicos positivos y relajantes. Puedes contar para calmarte imaginando un tablero simple que poco a poco va de 100 a 0. Si este método no es lo bastante fuerte para relajarte, prueba restar tus momentos de preocupación con otra prueba matemática. Imagina signos numerados con tus respuestas mientras cuentas en silencio de más a menos desde 100 en grupos de siete.
- Imagina escenas serenas de la naturaleza. Después de apagar las luces, toma algunas respiraciones profundas y limpiadoras, y después dibuja una imagen de un lugar tranquilo. Imagina la orilla de un lago. Ve cómo burbujean las olas, siente la brisa ligera, escucha el llamado de los somormujos y huele el aire fresco. Imagínate sentado ahí solo, respirando despacio y disfrutando la tranquilidad exterior.
- Imagínate en un campo de flores silvestres. Imagina un lienzo de Monet con un campo de amapolas. Camina a

través de la pradera con el sol brillando arriba de ti. Permanece tanto como quieras en este punto seguro.

Imaginación guiada

La imaginación guiada, un método de visualización más directo, ha probado ser una herramienta poderosa para la salud y la curación. Puedes escuchar una cinta de audio con transcripción, o un asesor te puede ayudar a diseñar una imagen individualizada. La Academia de la Imaginación Guiada informa que un "cuerpo creciente de investigación muestra que la imaginación tiene una fuerte influencia en cada sistema de control mayor del cuerpo, que estimula funciones vitales como el ritmo cardiaco, la presión sanguínea, el flujo de sangre local, la curación de lesiones e incluso el funcionamiento inmunológico". Muchos de estos cambios fomentan la relajación y mejoran el sueño.

★ Visualiza una forma de liberar tus preocupaciones. Recuéstate con tranquilidad con los ojos cerrados. Imagina una canasta en tu regazo.

Menciona tus mayores preocupaciones una por una, mientras las pones en el recipiente. Imagina que caminas a un río y vacías el contenido de la canasta en el agua. Ve cómo se van tus preocupaciones en el agua.

Relajación muscular progresiva

La relajación muscular progresiva (RMP) es una técnica muy simple pero poderosa que consiste en tensar y relajar diferentes grupos de músculos en una secuencia específica. La técnica funciona porque la relajación muscular y la ansiedad son incompatibles. Al contraer y relajar tus músculos, experimentarás una liberación de estrés. Conozco a un hombre que sufría de insomnio y aprendió RMP en una clase de yoga. Su esposa informa que cuando tiene problemas para dormir, hace RMP en la cama y "entonces se apaga como una luz". A ti también puede funcionarte.

Cómo hacer RMP

1. Encuentra una posición cómoda. Durante el día, se puede practicar en una silla. A la hora de dormir, recuéstate

sobre tu espalda en la cama. Toma unos minutos para moverte por la cama, hasta que sientas que tu cuerpo se acomoda.

"Dulce restaurador del cansancio brindado por la naturaleza, el sueño refrescante".

Edward Young

2. Empieza con tus pies y luego ve hacia arriba de tu cuerpo; tensa y después relaja cada grupo de músculos. Primero, aprieta tu pie izquierdo, estirando los dedos tanto como te resulte cómodo. No lo entieses. La tendencia inicial es contener la respiración cuando aprietas; en lugar de eso, continúa respirando despacio y por completo. Mantén la posición durante cinco segundos. Después relaja el pie.
3. Es más fácil experimentar la relajación verdadera de un músculo cuando la comparas con la sensación de un tenso. ¿Notas alguna diferencia entre tu pie izquierdo y el derecho? Puedes sentir una ligereza, pesadez, alargamiento, soltura o calidez en el pie izquierdo. Éstas son algunas formas en las que la gente describe las sensaciones por la relajación muscular.

4. Haz lo mismo apretando y relajando tu pie derecho. Sigue después con los músculos de la pantorrilla, la rodilla y el muslo. Permanece consciente de tu respiración. Alterna la acción de apretar y relajar ambos lados de tu cuerpo. Tensa el músculo, sostén y relaja.
5. Sube a la zona de ingles, pompas y estómago, después espalda, brazos y manos.
6. Procede a apretar y relajar el cuello, cara y cabeza. Aprieta los músculos de la mandíbula y luego relaja. Aprieta tus ojos cerrados, sostén y relaja. Sigue con tu frente.
7. Termina frotando tus manos una con otra, y coloca con suavidad las palmas sobre tus ojos.

Meditación magistral

La meditación es el método primordial para calmar la constante corriente de pensamientos e imágenes de nuestros saturados cerebros. También nos ayuda a experimentar relajación y una sensación de vivir en el momento presente. Quienes meditan con regularidad afirman que la práctica es una herramienta poderosa para mejorar la salud física general, el bienestar emocional y la serenidad espiritual.

La meditación puede practicarse en cualquier momento del día o de la noche. Puedes sentir beneficios de inmediato después de una sesión de meditación, pero igual que con otras técnicas de relajación, los efectos positivos son acumulativos.

Para resultados óptimos, establece un momento y lugar consistentes para meditar. La noche es un buen momento para la quietud y la reflexión, y la meditación puede ayudarte a relajar para la transición al sueño.

Las personas que despiertan a la mitad de la noche molestos por demasiados pensamientos como para volverse a dormir con facilidad, encuentran que la meditación rápida en la cama ayuda a aclarar la mente.

¿Qué debes esperar cuando meditas? Si no puedes dejar de pensar cuando tratas de sentarte tranquilamente, recuerda que los pensamientos y distracciones son normales. La meta es observar tus pensamientos y sólo dejar que pasen.

Piensa en tu sesión de meditación como si estuvieras en un pequeño bote, navegando por un río: un viaje apacible sin mucho esfuerzo. Hay muchas personas, animales y objetos de interés en la orilla.

Los observas, pero no tratas de involucrarte con ellos; pronto salen de tu rango de visión y de tu conciencia.

Permite que tus pensamientos hagan un viaje similar. Si te involucras en una discusión interna, no crees antagonismo. Reconócela y regresa pasivamente a tu enfoque mental y respiración tranquila. Deja que tus pensamientos se alejen flotando de tu conciencia.

Como pasa al aprender cualquier nueva habilidad, ser capaz de meditar requiere práctica. Empieza con una sesión diaria de cinco a diez minutos y poco a poco alcanza sesiones de veinte minutos. Si temes quedarte dormido o perder el sentido del tiempo, pon una alarma tenue para que puedas relajarte por completo, a sabiendas de que puedes volver a tu rutina habitual cuando llegue el momento. Pero no te obsesiones mucho con el tiempo. La idea es animar y entrenar a tu cuerpo y mente para entrar en un estado de relajación cuando se necesite.

La respuesta de relajación

El cardiólogo Herbert Benson, doctor en medicina, describió primero la respuesta de relajación en el libro que publicó en 1975 con el mismo nombre. Al buscar un tratamiento seguro y efectivo para pacientes con alta presión sanguínea, el Dr. Benson y su equipo de la Universidad de Harvard combinaron los escritos médicos y científicos de Occidente con las tradiciones espirituales de Oriente. El grupo médico de Boston se convenció de que los cambios en el estilo de vida con énfasis en la relajación podían revertir el riesgo de ataque cardiaco, infarto y síntomas relacionados con el estrés, como el insomnio.

Los cuatro elementos básicos necesarios para producir los cambios fisiológicos positivos de la respuesta de relajación son: un ambiente tranquilo, un enfoque mental específico, como repetir una palabra o contemplar una vela encendida, una actitud pasiva y observadora, y una posición cómoda y relajada.

1. Siéntate en una silla o con las piernas cruzadas en el piso.
2. Enfoca tu atención en tu respiración. Respirar en forma completa y profunda.
3. Al aspirar, piensa "uno", después expulsa. Toma otra respiración, enfócate en la palabra "uno", y expulsa.

4. Puedes repetir en silencio otras sílabas o palabras, como "paz" o "relajado" durante la meditación.
5. Sigue meditando de 10 a 20 minutos.

Esta técnica puede sentirse extraña las primeras veces que se hace. El reto es practicar de 10 a 20 minutos, una o dos veces al día, durante dos semanas. Luego evalúa tu progreso. ¿Te sientes diferente después de ese periodo? ¿Estás más relajado? Si así es, sigue adelante. Los beneficios de este método de manejo de estrés puede impulsar tu potencial de sueño.

Yoga revitalizador

Aunque su raíz histórica está en la religión oriental, el yoga se ha popularizado en Norteamérica como un programa de ejercicio que puede dar energía y relajar. El yoga brinda beneficios físicos, psicológicos y espirituales. Esta versátil práctica de mente y cuerpo incrementa la flexibilidad muscular, la fuerza y el tono. Ayuda a construir inmunidad física, corrige la postura deficiente y mejora la digestión y circulación. Los practicantes también afirman que el yoga ayuda a aumentar la conciencia del cuerpo y alivia patrones de estrés crónicos.

La Clínica de Medicina Integral de la Universidad de Arizona informa que el yoga ha sido de gran utilidad en el tratamiento de trastornos relacionados con el estrés, como el insomnio. La clínica también recomienda el yoga para ayudar a tratar la hipertensión, la artritis, la diabetes, el dolor crónico de espalda y problemas digestivos.

"Existe una plenitud de todas las cosas, incluso de sueño y amor".

Homero

¿Adivina quién va a clases de yoga? Recientemente, Susan, una profesional de servicios humanos casada y con dos hijos, empezó a tomar una clase en el centro de bienestar local. Rebecca, una universitaria de segundo año, se inscribió en Yoga 101 para cumplir con el requerimiento de educación física de su escuela. Y muchas otras personas empiezan a hacer yoga. El *Diario del Yoga* estima que alrededor de 12 millones de estadounidenses ahora practican yoga en forma regular; un incremento dramático en los últimos seis años.

Si quisieras unirte a esta multitud consciente de su salud, elige una clase que se dé en tu club de salud local, centro comunitario, estudio de yoga o universidad. La mejor manera de aprender yoga es estudiar con un maestro calificado. La retroalimentación y la instrucción manual son las claves del éxito.

Además de las clases para principiante, intermedio y avanzado, muchos maestros de yoga ofrecen clases para gente con necesidades especiales, como personas mayores o mujeres con cáncer de mama. Los centros de yoga también pueden promocionar su estilo o escuela de yoga. Busca una clase para principiantes y de estilo hatha que ofrezcan las escuelas Kripalu o Integral. Las clases de yoga de poder, Ashtanga e Iyengar suelen ser más difíciles. Considera asistir a una clase muestra o hablar con el instructor para encontrar un curso que se adapte a ti.

Una clase típica para principiantes empieza con ejercicios de respiración profunda y relajación. Después vienen las varias posturas corporales, llamado *asanas*, una serie de estiramientos y posiciones de básicas a difíciles que se hacen de pie, sentado o reclinado. Se pueden agregar giros, inclinaciones hacia atrás y hacia los lados, y posturas de equilibrio. B. K. S. Iyengar, un maestro de yoga, explicó: "En cada posición, debe haber reposo", por lo que no tiene que haber tensión ni competencia. Mantienes cada postura tanto como sea cómodo dentro de los límites de tu flexibilidad. La clase termina con una meditación tranquilizante.

Practicar yoga en cualquier momento del día es calmante. Sin embargo, la Asociación Americana de Yoga advierte que una rutina completa de yoga por la noche puede dar mucha energía e interferir con el sueño. Pero para quienes no puede dormir, una sesión de 15 a 30 minutos de estiramientos suaves y respiración rítmica antes de dormir puede ayudar a dormir.

"La lluvia toca una pequeña canción para dormir en nuestro techo por las noches; y a mí me encanta la lluvia".

Langston Hughes

Los libros y cintas con instrucciones fáciles de seguir pueden complementar tu práctica casera de yoga. Algunas están diseñadas para ayudarte a dormir mejor. Antes de comprar, piensa cuánto tiempo podrás dedicarle al yoga, las sesiones suelen durar entre 20 y 60 minutos.

Música que invita a dormir

La escritora Diane Ackerman describe bien la música como el perfume del oído. En su libro *Una historia natural de los sentidos*, explica que los "sonidos condensan el estofado de la vida y dependemos de ellos para interpretar, comunicarnos y expresar el mundo que nos rodea".

Podemos sentirnos agredidos por los diversos ruidos que escuchamos cada día, pero nuestro ánimo también puede afectarse en forma positiva cuando escuchamos melodías entusiastas o tranquilizadoras.

Se ha demostrado que la terapia de música beneficia a pacientes en hospitales y maternidades. El poder curativo de la música en procedimientos de diagnóstico y cirugía, así como en cuartos de hospital, ayuda a aliviar el dolor, disminuir la depresión y aprehensión, calma los sentidos y fomenta el sueño. De hecho, puede reducir la cantidad de dolor y de medicamento para dormir que el paciente necesita.

Los individuos que padecen condiciones relacionadas con la tensión se benefician por la reducción musical del estrés. En un estudio, 24 de 25 personas con insomnio durmieron más fácil después de oír música "new age" o clásica. Otros estudios muestran que escuchar música calmada puede reducir la ansiedad y disminuir la presión sanguínea y el ritmo cardiaco.

Una ventaja importante de la relajación musical es que no hay periodo de entrenamiento y ninguna técnica que aprender: el impacto en el escucha es inmediato. Larry Dossey, doctor en medicina, un antiguo director de una clínica de biorretroalimentación, dice que la "música proporciona el punto de entrada para muchas personas que de otra manera encuentran imposible entrar en estados de relajación".

Armoniosa música de arpa

La arpista Melissa Collins informa que de acuerdo con la tradición irlandesa, un músico maestro es alguien cuya música puede afectar a la gente de tres formas importantes: los hace reír, los hace llorar y los hacer dormir. Cuando Melissa toca música para pacientes de hospitales, ellos se benefician de todos estos efectos. Escuchar una cinta de música de arpa antes de ir a la cama también puede afectarte emocionalmente y arrullarte.

¿Qué tipo de música te calma y relaja? ¿La tranquila, la serena música clásica o el jazz ligero? ¿No sabes por dónde empezar? Don Campbell, autor de *El efecto Mozart*, recomienda pasajes específicos de la música de Mozart para "curar el cuerpo, fortalecer la mente y liberar el espíritu creativo". Para escuchar con inspiración, ordena colecciones de relajación populares o grabaciones con sonidos de la naturaleza. Escucha música suave e instrumental como acompañamiento al estar en la tina, practicar yoga o al prepararte para dormir. Y recuerda: la transición al sueño la facilitará un sistema de sonido que se apague automáticamente.

Trabajo de cuerpo y manos curativas

El trabajo de cuerpo comprende un número de técnicas que involucran tocar o manipular el cuerpo como una forma de mejorar la salud y atender la enfermedad. Estas técnicas pueden ayudar a aliviar las condiciones relacionadas con el estrés, incluido el insomnio. Algunos métodos funcionan para incrementar sutilmente el flujo de energía en el cuerpo. Las tradiciones orientales de la antigüedad enseñan que muchos males son causados por un bloqueo en nuestros cuerpos de la energía de vida universal, o *qi* (se pronuncia "chi"), que recorre todas las cosas. El objetivo es desbloquear esta energía para incrementar la capacidades curativas naturales del cuerpo.

Masaje

La más popular de las modalidades del trabajo corporal es el masaje terapéutico, el cual promueve un sentido de bienestar general y relajación. El masaje relaja los músculos tensos y disminuye el ritmo cardiaco y la presión sanguínea; además, fortalece el sistema inmunológico y ayuda al cuerpo a liberar toxinas. Un masaje también aminora el nivel de hormonas de estrés en el cuerpo y aumenta la producción de endorfinas, los calmantes naturales del cuerpo. Es muy bueno para los problemas de sueño por estrés, dolores de cabeza de migraña y rigidez, y dolor de músculos y articulaciones.

Reflexología

La reflexología se basa en la idea de que los pies son minimapas del cuerpo y de los órganos internos. Los reflexólogos tratan una gran variedad de problemas relacionados con el estrés al presionar diversos puntos de "reflejo" o presión en los pies, lo que alivia síntomas en otras partes del cuerpo. Esta técnica curativa puede aligerar la tensión que provoca los problemas de sueño.

Reiki

Una práctica antigua japonesa, el *Reiki* se usa como apoyo de la medicina convencional en hospitales y asilos, así como tratamiento para el público general. Los especialistas en Reiki colocan sus manos en zonas del cuerpo de la persona, sobre todo cerca de los siete centros de energías, conocidos como *chakras*, para liberar bloqueos de energía. Los especialistas afirman que el *Reiki* acelera la curación de heridas y la recuperación postoperatoria, y alivia el dolor, estrés, ansiedad, dolor de cabeza e insomnio.

Acupuntura

La acupuntura es una rama de la medicina china tradicional. Esta práctica curativa también se basa en la creencia de que la enfermedad es producto de un desequilibrio de energía en el cuerpo. Un acupunturista inserta agujas muy delgadas en el cuerpo del paciente a lo largo de los *meridianos* o rutas de energía, con lo que estimula el flujo de energía. Aunque puede sentirse alguna presión en los sitios de las agujas, los pacientes reportan en general poca o ninguna incomodidad.

"La noche con su tren de estrellas y su regalo de sueño".

William Ernest Henley

Acupresión y Shiatsu

La acupresión, otra técnica antigua china, y el *Shiatsu*, un método japonés, usan la presión de los dedos en lugar de agujas para estimular las habilidades curativas naturales del cuerpo. Esta manipulación física de los puntos de energía aclara los canales de energía, libera tensión y trata la enfermedad.

Tú mismo puedes probar la acupresión estimulante en tus puntos de energía. Con suavidad presiona el punto específico (ver la siguiente página), con las yemas de tus dedos, hazlo firmemente o con un pequeño movimiento de masaje circular, durante alrededor de un minuto. Después de un descanso, puedes repetir presión alternada y descansos hasta que sientas una especie de liberación. Los principiantes no deben excederse de cinco minutos en cualquier punto específico.

¿Cómo sabes si tienes o no el punto correcto? Los puntos de presión "se anuncian a sí mismos con una sensación de respuesta, picazón, dolor o incomodidad ligera", explica Michael Castleman en *Curas de la naturaleza*.

Puntos de acupresión para el insomnio

1. La mano. Con tu palma hacia arriba, encuentra la unión de la muñeca con la mano con el dedo pulgar de la otra mano; frota justo abajo del primer pliegue de tu muñeca.
2. La cara. Con las yemas de tus dedos índice y medio, aplica presión al punto entre tus cejas, en la unión del puente de la nariz y la frente.
3. La parte posterior de la cabeza. Da masaje suave en los puntos de presión en la hendidura en la base del cráneo en la parte trasera de la cabeza; mueve hacia fuera una pulgada hacia ambos lados del cráneo en la línea del cabello.

8

Remedios naturales

Existe una amplia variedad de remedios naturales para ayudar a quien padece de insomnio. Para uso externo, los baños de hierbas, las compresas y las almohadas de sueño pueden arrullarte. Los tés de hierbas, cápsulas, tinturas y extractos líquidos son alternativas más fuertes y se emplean de manera interna. Los productos homeopáticos ligeros y los suplementos también están disponibles para tratar el insomnio. Las tiendas de comida natural y las farmacias naturistas tienen muchos de estos productos.

¿Por qué las hierbas? Mucha gente se está alejando de los sedantes químicos y tranquilizantes por sus efectos secundarios. En los últimos años, un renacimiento herbario ha creado un crecimiento enorme en el uso de remedios naturales alternativos.

Calmante manzanilla

"Los sueños nunca influencian directamente mi trabajo en términos de argumento, movimiento o idea. Agregar color o contrapunto al trabajo, actuando como un acompañamiento casi sinfónico de lo que estoy haciendo".

Maurice Sendak

La manzanilla (*chamaemelum nobile* o *matricaria recutita*) es la elección perfecta para crear una tarde calmada. Alexandra Stoddard, una decoradora de interiores y prolífica escritora de libros sobre el estilo de vida, fue filmada en una ocasión para un episodio del programa televisivo de *Oprah,* sentada en su cama tomando una taza de té de manzanilla. Las hermosas flores blancas de la manzanilla con centro amarillo hacen una bebida suave y relajante, y son buenas en baños para adultos que no pueden dormir y bebés inquietos.

La esencia del té de manzanilla hace recordar los huertos de manzanas. La hierba tiene un efecto relajante en el sistema nervioso, pues contiene un compuesto que influye los mismos receptores del cerebro que las drogas contra la ansiedad.

Además de ser una ayuda para el sueño, esta maravillosa hierba relaja el sistema digestivo y se ha usado por tradición para tratar dolores de estómago, úlceras y calambres abdominales. Una taza de té de manzanilla puede aliviar la acidez nocturna y la indigestión. ¿Recuerdas a Peter Rabbit? En el libro infantil, la madre de Peter le sirvió una taza de té de manzanilla después de que escapó del jardín del Sr. McGregor. Muchos expertos en hierbas también recomiendan esta hierba como remedio para el cólico infantil.

Té de manzanilla preparada

Para un té agradable y rico, deja reposar la manzanilla por no más de cinco minutos, ya que se pone amarga si se deja reposar demasiado.

En su delicioso libro sobre el baño *La magia del agua*, Mary Muryn describe cómo dedicar una noche a la manzanilla puede hacerte dormir. Después de un vapor facial con manzanilla, pon bolsas de té de manzanilla húmedas sobre tus ojos cerrados mientras estás recostado en una tina con agua con manzanilla, y bebe una taza humeante de este té crepuscular. Cuando esto va acompañado de una vela con esencia, música relajante y una aromática almohada de sueño impregnada con esencia de manzanilla, casi cualquier persona puede relajarse lo suficiente para conciliar el sueño. (¡Pero espera a salir del baño y estar cómodo en tu cama!)

Precaución en el uso de la manzanilla

Como con el uso de toda hierba, las reacciones individuales pueden variar. Aunque el reporte de medicinas herbarias informa que la manzanilla tiene "un potencial muy débil de agresividad", algunas personas, sobre todo las que tienen fiebre del heno u otras alergias, pueden experimentar una reacción alérgica a la planta.

La Administración Federal de Alimentos y Drogas de Estados Unidos, establece que la manzanilla se "considera segura en términos generales".

Arrullo de lavanda

Muchos de nosotros añoramos campos ricos de fragantes flores francesas. En lugar de una vacaciones por Europa, podemos arrullarnos con lavanda (*lavandula*) por la noche. Entre los atributos de esta versátil hierba está su habilidad para combatir el insomnio, el nerviosismo y el dolor de cabeza de una manera muy estética. La belleza de su color púrpura azul profundo, así como su muy evocadora esencia, ha hecho de la lavanda una favorita durante muchos siglos.

Para el verdadero amante de la lavanda, nunca hay demasiadas formas de usar esta olorosa y sedante planta. Puedes tomar un baño caliente con esencia de flores para baño de lavanda y lavarte con jabón de lavanda. Si tienes dolor de cabeza, agrega una compresa de lavanda (una tela remojada en agua de lavanda o en té de lavanda fuerte, exprimida y colocada en la frente). Mantén las luces del baño bajas e ilumina suavemente el espacio con velas con esencia de lavanda.

"Y aún goza de un sueño celeste, en lino pálido, suave y con lavanda".

John Keats

Una taza de té de hierbas sedantes saborizado con hojas de lavanda orgánica deshidratada, también es deliciosa. Para llevar la esencia al baño, usa una sábana seca rociada con agua de lavanda después de lavarla. O rocía el baño con spray de lavanda para aromaterapia. Pide a tu pareja que te frote la espalda con aceite de masaje mezclado con aceites esenciales de lavanda y sándalo. Y para asegurar una noche tranquila, el toque final es apoyar tu cabeza en una almohada de sueño rociada con lavanda.

Sales de baño para un sueño profundo

Esta receta es una adición muy relajante para tu baño. Las sedativas sales de baño presentadas en botellas hermosas también son regalos adorables.

2/3 de taza de bicarbonato de sodio

2/3 de taza de sales de Epsom

2/3 de taza de sal de mar

25-30 gotas de aceite esencial de lavanda

1. Mezcla bien el bicarbonato de sodio, las sales de Epsom, la sal de mar y el aceite esencial de lavanda en un tazón mediano que no sea poroso.
2. Cubre el tazón con tela de algodón y deja que seque toda la noche.

3. Revuelve la mezcla, deshaciendo cualquier trozo grande.

Para usar: vierte ½ taza de las sales de baño en la tina al tiempo de llenarla.

Otras hierbas para fomentar 40 sueños

Existen muchas hierbas renombradas por sus cualidades para inducir el sueño y relajar. Aunque las hierbas solas están disponibles, muchas marcas han creado fórmulas combinadas efectivas. También puedes probar tés herbarios, tinturas con poder medicinal (extractos líquidos que preservan las cualidades medicinales de la hierba ya sea con base o alcohol o glicerina) o cápsulas entre 30 y 45 minutos antes de dormir.

Amapola de California

La amapola de California (*eschscholzia californica*) contiene alcaloides con un efecto sedativo similar al de los narcóticos codeína y morfina, pero más suave (¡y legal!) Este remedio herbario ayuda a reducir la ansiedad y fomenta el sueño. La amapola de California suele encontrarse en fórmulas combinadas de hierbas sedativas.

Hierba gatera

Si bien puede estimular a tu gato, la hierba gatera (*nepeta cataria*) tiene efectos positivos en los humanos. Esta hierba sabrosa y fácil de cultivar, prima de la menta, hace un té sedativo ligero y es una adición agradable al baño y a las fórmulas para almohadas de sueño.

Lúpulos

Los lúpulos (*humulus lupulus*) los usaban los antiguos americanos por sus propiedades sedativa y digestiva antes de su aplicación popular como ingredientes para hacer cerveza. Las flores cónicas del lúpulo tienen una fuerte esencia y un sabor un poco amargo. Los lúpulos deben usarse en forma deshidratada, pero la planta pierde su efectividad con rapidez al almacenarla; por ende, debe comprarse cantidades pequeñas. La Administración de Alimentos y Drogas incluye a los lúpulos en su lista de hierbas que se consideran seguras en términos generales.

La hierba tiene propiedades estrogénicas que tienen efectos en el cuerpo similares a los de las hormonas femeninas. Por esto, los lúpulos no deben usarse en pacientes con cáncer de mama. Sin embargo, los efectos hormonales parecen ser ventajosos para mujeres en la menopausia. La educadora en la salud de la mujer y experta en hierbas, Susun Weed, recomienda el té de lúpulos como un apoyo poderoso para el sueño y aliado hormonal de las mujeres que se despiertan por sudoraciones nocturnas. Las cualidades sedativas de los lúpulos se experimentan mejor cuando las flores deshidratadas se usan en té herbario o mezcla de tintura, o bien, para baños herbarios y almohadas de sueño.

Kawa-Kawa

Un sensacional remedio herbario para la ansiedad ligera a moderada, el kawa-kawa (*piper methysticum*) también puede ser un tratamiento efectivo para el insomnio, según estudios. El kawa-kawa ayuda a producir una sensación agradable de relajación y una agudeza de los sentidos mientras mantiene la alerta mental. Los medicamentos farmacéuticos contra la ansiedad son más sedativos y desaceleran muchas funciones mentales y físicas.

"Oh sueño, oh gentil sueño, ¡pienso con gratitud en la enfermera de la naturaleza!"

Elizabeth Kenney, enfermera

Esta antigua hierba ceremonial y medicinal de las islas del Pacífico Sur ha ganado popularidad a últimas fechas en Norteamérica y está disponible en tés, cápsulas, extractos y en polvo. Los relatos anecdóticos que valoran al kawa-kawa como ayuda para dormir, varían. Algunas personas informan que como la hierba incrementa la alerta, puede interferir con la habilidad para conciliar el sueño.

Parece que la cantidad y momento de la dosis puede afectar sus propiedades para inducir el sueño. Después de que la alerta inicial se agota, el sueño subsecuente puede ser profundo y reparador, por lo que una dosis pequeña tomada temprano puede producir alerta, después relajación, y más tarde, sueño.

Toronjil

Esta hierba es una alternativa deliciosa a los sedantes herbarios de sabor amargo. El toronjil (*melissa officinalis*), de rico sabor y aroma cítrico, ayuda a aliviar la ansiedad, el insomnio, los calambres menstruales y problemas digestivos menores. En estudios que usaron una combinación de extracto de valeriana y toronjil, los efectos probaron ser tan poderosos como los de los medicamentos farmacéuticos para dormir. Puedes usar toronjil en tés, tinturas, baños y almohadas de sueño.

Paja de avena

¿Una taza de té de paja de avena? Más familiar, desde luego, es el tradicional y nutritivo grano en desayunos. Pero las expertas en botánica, Susun Weed y Deb Soule, recomiendan la paja de avena (*avena sativa*) como un relajante ligero. Se cree que la paja de avena fortalece el sistema nervioso y aligera el dolor. En el baño, la avena refresca la piel irritada.

Aunque puede no ser lo bastante fuerte para gente con problemas de sueño persistentes, una taza caliente de té de avena puede aliviar la noche de insomnio ocasional, producto de la tensión nerviosa, la ansiedad o los síntomas de la menopausia.

Pasionaria

La pasionaria (*passiflora incarnata*) ha sido un socorrido remedio para el sueño desde los días de los aztecas y los incas. En la actualidad, la pasionaria es un remedio para el insomnio muy popular en Europa. La botánica Kathi Keville la recomienda para el insomnio causado por músculos apretados o para una mente saturada. Por sí sola, la pasionaria es un sedante ligero; se combina bien con la valeriana y se usa con frecuencia en tés, cápsulas y fórmulas para tintura.

Escutelaria

Los botánicos tienen amplia evidencia anecdótica sobre los méritos de la escutelaria (*scutellaria lateriflora*) como relajante y sedante. Se ha usado para tratar el insomnio y trastornos nerviosos, y como antipasmódico para calambres musculares. Susun Weed afirma: "La deliciosa y aromática escutelaria es mi calmante favorito e inductor del sueño". La escutelaria suele incluirse en fórmulas comerciales combinadas para el sueño.

Hierba de San Juan

Apodada el Prozac de las Plantas, la hierba de San Juan (*hypericum perforatum*) es un tratamiento efectivo para la depresión de ligera a moderada. Los estudios muestran que la hierba de San Juan es tan efectiva como muchos antidepresivos por prescripción, con una tasa mucho menor de efectos secundarios. Este remedio herbario se ha usado de manera amplia en Europa, y su población ha crecido en los Estados Unidos desde finales de los noventas.

Si el insomnio se asocia con la depresión, la hierba de San Juan puede ayudar. Como la depresión es una condición médica con posibles consecuencias serias, consulta a un profesional para un diagnóstico y tratamiento correctos. A diferencia de muchos otros remedios herbarios para el insomnio, que pueden tomarse según sea necesario, la hierba de San Juan debe tomarse a diario. Al principio, puede tomar de cuatro a seis semanas antes de que sus beneficios sean evidentes.

La hierba de San Juan puede reducir la efectividad de otras medicinas. La Administración de Alimentos y Drogas ha emitido una notificación sobre el uso de la hierba de San Juan en combinación con medicinas prescritas, incluidas drogas contra el cáncer, medicinas para el corazón, medicamentos contra el Sida, drogas para el rechazo de transplantes y algunos tipos de anticonceptivos orales. También puede magnificar los efectos de algunas drogas anestésicas. Consulta a un doctor sobre el uso de la hierba de San Juan al tomar cualquier medicina recetada, así como antes de una cirugía.

Valeriana

La valeriana (*valeriana officinalis*) es la hierba primordial para tratar el insomnio y el estrés. Estudios alemanes han probado sus beneficios como relajante sin efectos secundarios sedativos. Incluida en la lista de la Administración de Alimentos y Drogas como una hierba de uso seguro, la valeriana también se ha usado para tratar calambres menstruales, dolores de espalda y de cabeza asociados con el ciclo menstrual y los trastornos digestivos.

Cuando la valeriana se combina con el toronjil, de mejor sabor, se cubre su fuerte olor y se mejora sus cualidades relajantes. Prueba la combinación en extractos líquidos o cápsulas. (Nota: en un porcentaje menor de usuarios, la valeriana estimula, más que relajar; descontinúa su utilización si éste es el caso). El Dr. Andrew Weil advierte que las personas con insuficiencia renal o del hígado no deben tomar valeriana, salvo cuando un médico lo supervise.

Hierbas no occidentales

Los profesionales de la medicina china recomiendan semillas de azufaifo (*ziziphus jujuba*) como tratamiento para el insomnio. Debido a que la mayor parte de la investigación sobre la seguridad y eficacia del azufaifo se ha realizado en China y no se ha traducido, este remedio debe usarse sólo después de consultar a un especialista en medicina china tradicional. El azufaifo está disponible en cápsulas en combinación con otras hierbas chinas.

Algunos practicantes de la medicina ayurvédica, una rama de la medicina hindú tradicional, recomienda la ashwagandha (*withania somnifera*) o jengibre indio, un remedio herbario antiguo, para tratar el insomnio. También conocida como el "ginseng hindú", la ashwagandha proporciona beneficios complementarios de energía y calma. El extracto estándar puede mezclarse con leche caliente para hacer una tisana agradable para la hora de dormir.

Otros practicantes ayurvédicos recomiendan el uso tópico de aceites herbarios para dormir mejor al tiempo de nutrir el cabello. Se dice que el cepillado de pelo o el masaje

"Una vez cada veinticuatro horas, el alegre y el triste, el ocurrente y el aburrido, el bullicioso y el callado, el ocupado y el ocioso, son todos derrotados por el tirano amable y todos se acuestan en la igualdad del sueño".

Samuel Johnson, figura literaria inglesa del siglo XVIII.

del cuero cabelludo con aceites infundidos de bhringarai (*eclipta alba*) y gotu kola (*centella asiatica*) calman la mente y ayudan al sueño profundo.

Tés herbarios

Mark Blumenthal, director ejecutivo del Consejo Botánico Americano, describió con elocuencia el atractivo de la hora del té al decir que "beber té puede llevarte a otra dimensión, otro tiempo y lugar, un tiempo donde las cosas son más lentas, más suaves, más cálidas, más acogedoras. Puede ser una forma gastronómica de meditación".

Para conciliar el sueño, agrega un poco de té herbario, calmante y sedativo a tu ritual nocturno. Proporciona un antídoto perfecto para un día agitado y abrumador. Pon tus pies en alto, bebe el té y escucha música ligera. Si no puedes estar solo en las áreas más públicas de tu ocupado hogar, lleva la taza de té a tu habitación. Cierra la puerta y bebe el té poco a poco en un periodo tranquilo de 20 minutos.

En días ocupados, puedes poner una bolsa de té en cualquier tarro, llenarlo con agua caliente, esperar tres minutos, sacar la bolsa con una cuchara y beberlo más rápido. Pero un buen equipo y la pericia, hacen a la experiencia de hacer té, más placentera. Aquí te indico cómo hacerlo bien.

1. Llena la tetera con agua de la llave. Deja que caliente la olla mientras hierves agua para tu té.
2. Vacía la tetera y mide una cantidad de té aproximada. Usa una cucharada cafetera de hierba deshidratada o una cucharada sopera de hierba fresca para cada taza de agua hirviendo.
3. Vierte el agua hirviendo sobre las hierbas. Cubre la tetera y deja reposar de cinco a 10 minutos, o más para fuerza medicinal.
4. Cuela y sirve caliente. Agrega leche si lo deseas. Si tomas té antes de dormir, añade poco endulzante, ya que puede ser estimulante.

Té herbario para un sueño profundo

Esta bebida sedante tiene un sabor cítrico suave

1 taza de flores de manzanilla deshidratada

1 taza de toronjil deshidratado

½ taza de hierba gatera deshidratada

½ taza de paja de avena deshidratada

¼ de taza de valeriana o lúpulos deshidratados (opcional)

1. Mezcla las hierbas bien y almacena la preparación en un frasco hermético.
2. Usa una cucharada de la mezcla para cada taza de té.

Baños herbarios

Agrega hierbas a tu baño para potenciar sus cualidades naturales para reducir el estrés e inducir el sueño. Puedes usar esencias sedativas en forma de aceites esenciales, sales para baño o bolsas de hierbas para baño.

Bolsas de baño para un sueño profundo

Esta receta incluye un hermoso ramo de hierbas con una esencia agradable y que fomentan el sueño. La harina de avena suaviza la piel de gran manera, sobre todo durante los secos meses del invierno.

1 taza de flores de manzanilla deshidratadas
1 taza de flores de lavanda deshidratadas
1 taza de harina de avena (opcional)
½ taza de lúpulos deshidratados
½ taza de pétalos de rosa deshidratados

1. Mezcla todos los ingredientes.
2. Pon ½ taza de la mezcla en el centro de un pedazo de tela permeable y átalo en forma de bolsa. (Las bolsas de algodón con cierre o de muselina funcionan bien, así como los paños para lavar delgados).
3. Cuando abras la llave, cuelga la bolsa en ella, de manera que el agua corra a través de la bolsa mientras se llena la tina.

Almohadas de sueño herbarias

Las almohadas de sueño o "bolsas para dormir" tienen una larga historia. Hildegard von Bingen, una abadesa y botánica alemana del siglo XII, recomendaba usar sacos llenos de hierbas para dormir mejor. Las almohadas de sueño se usaban mucho durante el periodo colonial para inducir el sueño y fomentar la curación para el enfermo.

"La noche llega y el sueño, en nuestro pequeño mundo, esparce sus alas curativas de refugio".

Eliza Lee Follen, escritora y poeta

En casa o al viajar, las almohadas de sueño eran acompañantes estupendas. Algunos dueños de hoteles de alojamiento y desayuno, tienen la opción de brindar almohadas con esencia para los clientes que lo deseen. Muchos viajeros llevan en su equipaje de mano un pequeño saco herbario para dormir o para calmar sus sentidos durante los vuelos, y para endulzar las noches que pasan en habitaciones de hotel mal ventilados.

Esencias sedativas

La consideración más importante al hacer una almohada herbaria para dormir es elegir la mezcla correcta de esencias sedativas para ayudar a relajar y dormir. Empieza con una combinación de lavanda, manzanilla, toronjil, lúpulo y pétalos de rosa deshidratados. El escritor Jim Long proporciona un número de recetas para un sueño fragante y almohadas de sueño en su libro, bellamente ilustrado, *Cómo hacer una almohada herbaria para dormir*.

Ten en mente que no todas las hierbas relajantes tienen aromas agradables o asociaciones para la persona que duerme. Por ejemplo, muchos piensan que los lúpulos, una hierba muy calmante, tiene un olor muy amargo pero combinada con esencias más dulces como la lavanda y la rosa, incrementa las propiedades para inducir el sueño desde la almohada y disminuye su olor.

Debes saber que algunas compañías venden "almohadas de sueño" que pretenden inducir sueños más vívidos para el usuario. Éstas no son buenas elecciones para el insomnio de la persona que busca una noche tranquila.

Cómo hacer almohadas de sueño

Las otras consideraciones prácticas al hacer almohadas de sueño son el tamaño y la forma de la almohada, la tela de la que está cubierta y la facilidad para limpiarla.

Se recomienda una almohada pequeña que esté plana y no abultada. Cuando se coloca entre tu almohada normal y la funda de ésta, su aroma dulce y calmante se libera cada vez que mueves la cabeza durante la noche. Los tamaños de las almohadas de sueño van de un pequeño cuadro de 10 centímetros a un rectángulo grande de 22 a 27 centímetros.

Hay muchas texturas de telas estupendas, pesos y diseños para escoger. Para durabilidad, puedes confeccionar una almohada interior de muselina, llenarla de hierbas y forrarla con una cubierta que se pueda desprender para lavar. Considera usar una tela buena con un modelo celestial o un tomo relajante de azul para hacer juego con el tema del sueño nocturno.

Puedes llenar tu almohada sólo con hierbas o darle forma primero con hojas de algodón o un relleno sintético.

En general es más barato hacer almohadas con algún tipo de relleno. Rocía una o dos cucharadas soperas de la mezcla entre las capas delgadas del relleno. Este método también garantiza una almohada más suave y disminuye la probabilidad de que las hojas o ramas se claven en la cubierta.

Las almohadas que se recomiendan para ayudar a dormir a los niños suelen llenarse de una hierba, como eneldo, manzanilla o hierba gatera. Se supone que estas tres hierbas arrullan con gentileza a un niño y evitan las pesadillas.

Mezcla en almohada para un sueño profundo

Ésta es una combinación de hierbas sedativas dulce pero potente. Ajusta las cantidades de acuerdo con tus preferencias y la disponibilidad de las hierbas.

- 4 porciones de flores de lavanda deshidratadas
- 2 porciones de lúpulos deshidratados
- 2 porciones de pétalos de rosa deshidratados
- 1 porción de manzanilla deshidratada
- 1 porción de toronjil deshidratado

Aromaterapia

¿Te detienes a oler las rosas? Ten conciencia de qué aromas te rodean. ¿Algún compañero de trabajo usa una colonia de marca? ¿Estás consciente de la fragancia de tu jabón y shampoo? ¿Tu casa huele a flores frescas, limpiadores, talco de bebé o comida?

En un nivel subconsciente, diversos aromas pueden agradarte o disgustarte. Las esencias afectan tu estado de ánimo y tu salud; pueden, incluso, afectar tu habilidad para dormir. La mejor manera de mejorar tu sueño con

"Más que ninguna otra experiencia sensorial, el olfato influencia el comportamiento, la memoria y muchas funciones autonómicas del sistema nervioso, que están debajo del nivel de alerta consciente".

Dr. Deepak Chopra

esencias es usar aceites esenciales que te tranquilicen.

La aromaterapia es la práctica de usar aceites esenciales para dar comodidad y salud, y existe una historia larga, sobre todo en Europa, de su uso medicinal. Los efectos emocionales y fisiológicos de los aceites esenciales trascienden la asociación personal. Cada aceite, extraído de una hierba o flor específica, tiene sus propias y únicas cualidades curativas. Estos aceites de alta concentración pueden absorberse en el cuerpo por la piel o por el bulbo olfativo de la nariz.

Los aceites esenciales pueden proporcionar una solución sensitiva a tus problemas de sueño. Los relatos científicos y anecdóticos destacan al aceite esencial de lavanda como la elección primaria para tratar el insomnio. Compra éste, o cualquier otro de los aceites esenciales calmantes y relajantes, solo o combinado.

Para recuperar el sueño reparador, prueba aceites esenciales diluidos en aceites para masaje, productos de baño, vapores faciales, baños de pies y almohadas con esencias. Rocía tu habitación con un spray de aroma dulce y que mejore el ánimo. Los difusores de habitación comerciales brindan un rocío aromático gentil y continuo.

Las compresas también son útiles contra el insomnio debido a dolores de cabeza por tensión.

Aceites esenciales calmantes

- ★ Bergamota
- ★ Salvia de amaro
- ★ Toronjil
- ★ Rosa
- ★ Mejorana
- ★ Manzanilla
- ★ Lavanda
- ★ Naranjo
- ★ Sándalo
- ★ Ylang-ylang

Para el viajero, la aromaterapia puede dar alivio al estrés y al trastorno por cambios de horario. Puedes llevar "sales olorosas" hechas en casa para calmarte durante un vuelo largo. Combina de cinco a 10 gotas de un aceite esencial relajante con dos cucharadas soperas de sal, y verter la mezcla en una botella pequeña. O pon de una a tres gotas de aceite en un pedazo de algodón y colócalo en una bolsa de plástico.

Sé cuidadoso

No confundas los aceites esenciales con sus contrapartes sintéticas que suelen venderse por pasatiempo o artimañas. Los aceites sintéticos no tienen las cualidades curativas de las esencias puras. Ya que los aceites esenciales son muy concentrados, no los uses con toda su fuerza. En general no se sabe de problemas por el uso de estos aceites, pero quienes son propensos a migrañas, asma y alergias de la piel no los deben usar. Nunca ingieras aceites esenciales a menos que estés bajo el cuidado de un aromaterapeuta certificado.

Spray de habitación para un sueño profundo

Usa este rocío sedativo ligero para refrescar tu habitación o espárcelo directo en tus sábanas y almohadas, y aprenderás a asociar el sueño con su esencia calmante.

- 1 taza de agua destilada
- 2 cucharadas soperas de vodka (opcional, como conservador)
- 9 gotas de aceite esencial de lavanda
- 6 gotas de aceite esencial de bergamota
- 3 gotas de aceite esencial de sándalo

1. Combina todos los ingredientes
2. Agita bien la mezcla antes de cada uso y no los apliques en los muebles.

Homeopatía

Conocida como una alternativa segura y efectiva a la medicina convencional, la homeopatía es un sistema médico desarrollado hace más de 200 años que sigue siendo más popular en partes de Europa que en Estados Unidos.

En el libro *Remedios curativos con homeopatía*, Nancy Bruning y Corey Weinstein, doctora en medicina, explican que "la homeopatía sostiene que los síntomas representan los mejores esfuerzos del cuerpo para curarse y por lo tanto no deben suprimirse. A diferencia de las drogas convencionales, los remedios homeopáticos estimulan nuestros poderes innatos para curar, sin agregar efectos secundarios dañinos". Varios remedios homeopáticos son efectivos para tratar la ansiedad, la sobreestimulación y el trastorno emocional que pueden llevar a problemas de sueño.

"Disfruta el rocío de miel del sueño".

William Shakespeare

Arsénico

El arsénico se usa cuando la causa del insomnio es el miedo o la ansiedad. Ayuda a las personas que están inquietas después de la medianoche o que tienen frío y desean cobijas adicionales.

Cafea

La cafea trata el insomnio producto de la sobreestimulación del cuerpo o mente debido a excitación o malas noticias. Como su nombre sugiere, es buena para quienes permanecen despiertos por el consumo de café.

Ignacia

La ignacia es para la persona cuyo insomnio es causado por trastorno emocional o aflicción, quien teme no poder dormir y puede tener pesadillas.

Nux vomica

La nux vomica se recomienda para problemas de sueño causados por la ingestión excesiva de café, alcohol u otras drogas; por comida; o por la actividad mental excesiva. El remedio es apropiado para gente que duerme por intervalos y despierta alrededor de 2 ó 3 AM.

Datos importantes de la homeopatía

Adelante se presentan los principios mayores que forman la base del sistema médico homeopático

1. La Ley de Similares dice que "lo semejante cura a lo semejante". Los remedios homeopáticos se elaboran a partir de sustancias diluidas en extremo. Cuando se dan en dosis grandes a gente sana, las sustancias causan un conjunto de síntomas específico; el remedio diluido de homeopatía alivia los mismos síntomas en personas enfermas.
2. Los homeópatas tratan la totalidad de síntomas. Los remedios se eligen con base en los síntomas particulares de un paciente y en su temperamento, así como en la interacción de ambos.
3. La regla de la dosis mínima sostiene que los remedios deben darse en dosis infinitesimales. Los homeópatas creen que la dilución extrema de los remedios los hace más potentes.

Pulsatilla

La pulsatilla es para quienes no pueden conciliar el sueño hasta pasada la medianoche y despiertan pocas horas después, a menudo con pensamientos recurrentes que son como un "disco rayado".

Cómo usar remedios homeopáticos

Los remedios homeopáticos están disponibles en tiendas de comida natural y farmacias naturistas. Coloca las píldoras debajo de la lengua para que se disuelvan; no comas nada 15 minutos antes o después de tomar el remedio. Las sustancias fuertes, como café, chocolate o hierbabuena, pueden impedir los beneficios del tratamiento homeopático; esto sucede más con los remedios para el insomnio. Sigue las instrucciones del paquete. Para problemas de largo plazo, es necesario consultar a un homeópata entrenado.

Suplementos soporíficos

Existe un número de suplementos dietéticos considerados pociones para dormir. Algunos de ellos, vendidos primordialmente en tiendas de comida natural o farmacias naturistas, son formas sintetizadas de químicos que se presentan en el cuerpo en forma natural, como las hormonas y los aminoácidos.

Algunos han sido foco de noticias espectaculares y otros son aún centro de controversia. Los seguidores dicen que estos suplementos son buenas alternativas para mejorar el sueño. Los críticos señalan que sus efectos a largo plazo no se han estudiado como es debido, y algunas cuestiones serias han surgido respecto de su seguridad.

Melatonina

Una hormona de origen natural, la melatonina la secreta la glándula pineal en el cerebro. Como su producción aumenta por la noche y cae durante el día, se le apoda "la hormona de la oscuridad", e influencia nuestro reloj interno y ciclos de sueño.

Muchas quejas de salud se han hecho en relación con el uso de la melatonina sintética como suplemento dietético. Los expertos concuerdan en que la melatonina está bien de manera ocasional para tratar el insomnio, pero

"Algunos dicen que rayos de un mundo más remoto visitan al alma en sueños".

Percy Bysshe Shelley

que es mejor como remedio para evitar o reducir los síntomas del cambio de horario después de un viaje.

Con base en la premisa de que nuestros niveles de melatonina natural bajan conforme envejecemos, el suplemento también se considera una potencial "fuente de la juventud". Sin embargo, un estudio reciente de la Universidad de Harvard ha creado dudas sobre si los niveles de melatonina descienden con la edad o no. Además, los resultados de un número de estudios sobre la efectividad de la suplementación de melatonina para el insomnio difieren, así como la evidencia anecdótica. En una encuesta realizada por *Informes del consumidor*, los entrevistados juzgaron a la melatonina como un tratamiento menos efectivo para el insomnio que el ejercicio y las medicinas de receta.

La Carta de Bienestar de la Universidad de Berkeley, en California, informa que la melatonina ayuda a la gente a conciliar el sueño más rápido, pero quizá no ayude a permanecer dormido y produzca una "resaca" o somnolencia al día siguiente.

Los efectos a largo plazo de la melatonina no se conocen. La investigación continúa sobre su eficacia para ayudar a dormir. Debido a la conexión de la melatonina con nuestros ciclos de luz diurna, se están desarrollando ambiciosos estudios con trabajadores rápidos y gente ciega con problemas de sueño. Los científicos también dicen que la melatonina es un antioxidante poderoso que puede protegernos de enfermedades crónicas. La investigación actual es necesaria para probar sus beneficios.

Triptófano

El triptófano, un aminoácido, es un precursor de la serotonina, un químico del cerebro involucrado en la regulación del sueño y el ánimo, y de la melatonina, una hormona importante para dormir. Hasta finales de la década de los ochenta, se recomendaba suplementos de triptófano como un potente remedio del insomnio. Peter Hauri y Shirley Linde, doctores en medicina, dicen en su libro *No más noches sin dormir,* que existen por lo menos 25 estudios que sugieren que tomar triptófano en la noche ayuda a la mitad de las personas que sufren de insomnio.

La Administración de Alimentos y Drogas prohibió la venta de suplementos de triptófano en 1990 después de que un lote contaminado causó un brote de síndrome de eosinofilia-mialgia. La enfermedad afectó a más de 1,500 personas y causó por lo menos 38 decesos.

El triptófano está disponible como suplemento en otros países. Como el brote del síndrome de eosinofilia-mialgia fue resultado de un proceso de fabricación deficiente, y no de un problema con el producto puro, algunas personas creen que el triptófano debe volver a venderse al público.

5-HT

Un compuesto de origen natural, el 5-HT (5-hidroxitriptófano) tiene relación directa con el triptófano y también eleva los niveles de serotonina. Los suplementos se sintetizan de las semillas de *griffonia simplicifolia*. El Dr. Andrew Weil informa que los suplementos de 5-HT se han usado durante décadas en Europa como un tratamiento aprobado para la depresión y trastornos del sueño.

En agosto de 1998, la Administración de Alimentos y Drogas confirmó la presencia de impurezas en algunos productos de 5-HT comercializados como suplementos dietéticos.

No se ha reportado ninguna toxicidad o enfermedad específica. En la fecha de este texto, los suplementos de 5-HT están disponibles, aunque la Administración de Alimentos y Drogas verifica estos productos y permanece "preocupada".

Cómo usar las hierbas con seguridad

Las hierbas pueden proporcionar un remedio sensacional y cien por ciento natural para el insomnio. Sin embargo, como todas las sustancias con propósitos medicinales, las hierbas deben administrarse con cuidado para que sean seguras y efectivas. Aquí hay algunas ideas que debes recordar al usar remedios herbarios:

- ★ La meta es un sueño reparador sin usar medicamentos. Los remedios herbarios, sobre todo los de uso interno, son sólo para uso de corto plazo o intermitentes.
- ★ El hecho de que las hierbas son "naturales" no significa que no debas tener precaución al tomarlas. Sigue las dosis recomendadas; más, no es mejor.
- ★ No tomes sedantes herbarios durante el embarazo y la lactancia, excepto después de consultarlo con tu médico.

- ★ Alterna los remedios herbarios para el sueño; existe la posibilidad de crear una tolerancia si se usa uno en forma continua.
- ★ Empieza con las hierbas y remedios más ligeros, como una taza de té de manzanilla y un baño con hierbas, antes de usar los remedios más fuertes.
- ★ Verifica con tu especialista en salud antes de combinar cualquier hierba medicinal con medicamentos. No uses hierbas calmantes si estás tomando tranquilizantes, sedantes, antidepresivos, alcohol u otro medicamento para el sueño.
- ★ Obtén el consejo de un naturópata, un botánico o un médico bien instruido en medicina complementaria.
- ★ Lee acerca de los remedios y cambios de estilo de vida que estás anticipando. Únete a uno o empieza un grupo de estudio herbario.
- ★ La mayoría de los sedantes herbarios debe tomarse entre 30 y 45 minutos antes de dormir. Sigue las instrucciones de la etiqueta.

9

Cuando no ayuda la autoayuda

¿Tu problema de sueño ha durado demasiado? El insomnio crónico causa agotamiento emocional y enfermedades físicas. La fatiga e irritabilidad pueden nublar el juicio y dificultar la determinación de tus opciones para tomar una decisión.

El uso a corto plazo de medicinas para dormir puede ayudar. Si quieres, consulta a un especialista en el cuidado de la salud, quien puede ayudarte a encontrar la mejor ruta para el sueño profundo.

Cuándo buscar ayuda profesional

"Proverbio egipcio: las peores cosas: estar en cama y no dormir, esperar a alguien y que no llegue, tratar de complacer y no lograrlo".

F. Scott Fitzgerald

Los problemas médicos crónicos a menudo no responden a remedios de autoayuda. Si tu problema de sueño es persistente o regresa por periodos, busca diagnóstico y tratamiento médicos convencionales. Un doctor de la familia o médico general pueden recetar píldoras para dormir o mandarte a una clínica de sueño para una evaluación más profunda. Las asociaciones del sueño pueden darte información valiosa y referencias.

Prescripción de medicamentos

La emisión de medicamentos para el sueño por receta es compleja y controvertida. Más de 5 mil millones de dosis de tranquilizantes y píldoras para dormir son despachadas cada año en los Estados Unidos. Las medicinas varían en potencia, duración y efectos secundarios.

Remedios de mostrador

Algunas personas encuentran alivio con remedios para el sueño de mostrador. Al usar estos productos para tratar el insomnio pasajero, asegúrate de verificar en la etiqueta los ingredientes y advertencias. El acetaminofén es un ingrediente en algunos remedios de mostrador; el uso continuo de acetaminofén se asocia con la anemia, el daño renal y las úlceras.

Muchos de los remedios de mostrador también contienen antihistamínicos, que pueden causar somnolencia, resequedad en la boca, impotencia, mareos, visión nublada y a veces insomnio. Los estudios muestran que los adultos mayores son más propensos a experimentar confusión, irritabilidad, nerviosismo y pesadillas al tomar estos medicamentos. También pueden interferir con un químico cerebral crucial para la memoria. Christiane Northrup, doctora en medicina, enfatiza que "tomar productos de mostrador con frecuencia, o remedios para la gripa que contengan antihistamínicos, puede provocar problemas de memoria y confusión con el paso del tiempo.

Las píldoras para dormir pueden subir tu nivel de tolerancia y necesitar dosis más altas para lograr el mismo efecto. Algunas medicinas para dormir también pueden provocar un efecto de rebote y empeorar el insomnio cuando el medicamento se descontinúa. Las píldoras para dormir pueden producir interacciones peligrosas con otros medicamentos y nunca deben tomarse con alcohol, sedantes o tranquilizantes.

Los educadores del sueño recomiendan el uso sensato de píldoras para dormir para el alivio de los síntomas del insomnio temporal. Para muchos pacientes, los medicamentos para dormir son la única forma de romper el ciclo frustrante del insomnio y la fatiga. Una persona con problemas para dormir que está de acuerdo, describe la situación: "Después de tener problemas para dormir en muchas semanas, sentí como que hubiera rebasado el límite. Nada funcionaba. Necesitaba ayuda médica para detener el cansancio y el miedo a no dormir. Sólo después de una semana de sueño con medicamentos, ayudaron los baños sedativos, los tés herbarios y la meditación. Primero, tan sólo tenía que dormir, y después, tuve que aprender de nuevo a dormir mejor sin drogas".

Pregunta a tu doctor sobre las píldoras para dormir de más rápido efecto que hayan salido al mercado. Estas drogas viajan por el cuerpo más rápido y es menos probable que causen somnolencia durante el día. Las drogas de más rápido efecto parecen ser más útiles para quienes tienen problemas para conciliar el sueño, pero como sus efectos duran cuatro horas más o menos, también pueden tomarse si el problema te despierta a media noche y no puedes volverte a dormir. Después de unas noches de sueño reparador, puedes elegir complementar tu tratamiento con métodos naturales.

Usa medicamentos para dormir sólo por periodos cortos y en las dosis menos efectivas, y aléjate de la droga poco a poco. Habla con tu profesional del cuidado de salud antes de empezar a tomar cualquier medicamento.

"El sueño que teje la manga descosida del cuidado, la muerte de la vida de cada día, el baño de labores dolorosas, el bálsamo de mentes heridas, el segundo curso de la gran naturaleza, nutriente más grande del festín de la vida".

William Shakespeare

Conclusión: es momento de decir buenas noches

"¡Bendiciones para quien inventó el sueño! Cubre al hombre, a los pensamientos y a todo como un manto; es carne para el hambriento, bebida para el sediento, calor para el que tiene frío y frío para el que tiene calor".

Miguel de Cervantes Saavedra

Mientras hacía fila en un café-librería una tarde reciente, escuché una conversación interesante entre dos mujeres. Una mujer, que ordenó una vaso de jugo, preguntó a su amiga, "¿no tienes problemas para dormir de noche? ¿Por qué no dejas ese expreso?"

La amante del café contestó, "bueno, como quizá no duerma esta noche de todas maneras, ¿por qué privarme de uno de mis pequeños placeres?" En serio, ¿por qué?

A veces los conflictos para dormir son síntomas de asuntos más profundos; en otras ocasiones, pocos cambios pequeños ayudan a restaurar el sueño profundo. Por ejemplo, cuando un colega sufría de insomnio después de un cambio reciente de empleo, estaba preocupado por que su problema de sueño indicara que el cambio de carrera hubiera sido un error.

La discusión reveló que en verdad le gustaba su nuevo puesto pero que algunas circunstancias importantes habían cambiado. No sólo empezó a trabajar desde más temprano sino que el trabajo lo movió de una oficina bien iluminada a una en un sótano oscuro. Una combinación de sedativos herbarios y luz de mañana lo ayudó a regresar a un patrón de sueño satisfactorio.

Para algunas personas, la falta de sueño nubla el juicio y magnifica los problemas. Esto se hizo evidente durante mi trabajo con una paciente de psicoterapia que padecía ansiedad e insomnio. Al principio, la mujer intentó hacer un cambio mayor en su vida para aliviar su nerviosismo.

Sin embargo, después de aprender técnicas de relajación y seguir lineamientos de higiene del sueño, incluido permitirse dormir suficiente, experimentó alivio y apreció su situación del momento. Aunque la paciente quería hacer cambios en su vida, cuando descansó en forma adecuada, dejó de creer que fuera necesario tomar medidas drásticas.

Por sí mismo, el sueño extra no resolverá tus problemas, pero puede darte la energía y perspectiva fresca para encontrar soluciones. El sueño profundo crea la base para una vida física, psicológica y espiritual sana. Las elecciones y cambios que hacemos pueden tener un efecto tremendo en nuestra habilidad para dormir. Quizá tengamos que hacer sacrificios, pero creo que los cambios internos valen la pena por el descanso y la renovación que producen.

¿Qué necesitas hacer para experimentar más de este dulce placer? ¿Cómo mejoraría tu vida si durmieras más y mejor? Piénsalo. Mejor aún, con las sugerencias que has recibido aquí, consúltalo con la almohada.

"Para todos y cada uno, ¡buena noche, sueños placenteros y luz de descanso!"

Sir Walter Scott

Títulos de esta Colección

Aromaterapia para Practicantes. *Ulla-Maija Grace*
Baños Sanadores con Aromaterapia. *M. L. Lazzara*
Bodynetics. *Gustavo Levy*
Canalización. *Roxanne McGuire*
Colores y Aromas. *Susy Chiazzari*
Do-In. *May Ana*
Duerme Profundamente esta Noche. *Barbara L. Heller*
Energía y Reflexología. *Madeleine Tourgeon*
Escuchando a tu Alma. *Dick Wilson*
Herbolaria Mexicana. *Dr. Edgar Torres Carsi*
Hidroterapia. La Cura por el Agua
La Anatomía Energética y la Polaridad. *Michelle Guay*
La Autopolaridad. *Michelle Guay*
La Ciencia de los Chakras. *Daniel Briez*
La Mente. Masajes Mentales. *M. E. Maundrill*
La Música... El Sonido que Cura. *Kate y Richard Mucci*
Las Maravillas del Masaje. *Imelda Garcés Guevara*
Manual Completo de Esferas Chinas. *Ab Williams*
Meditación Práctica. *Steve Haunsome*
Naturopatía
Reiki. Guía Práctica. *Bill Waites y Master Naharo*
Reiki Plus. La Curación Natural. *David G. Jarrell*
Reiki Plus. Manual de Prácticas Profesional. *David G. Jarrell*
Relajación Inmediata. *Alain Marillac*
Renacer con las Flores de Bach. *Fils du Bois*
Salud con Colores. Guía Práctica. *Graham Travis*
Sanación. Reiki. *Peychard C. G.*
Sanación Solar. *Richard Hobday*
Siéntete de Maravilla Hoy. *Stephanie Tourles*
Tu Cabello Naturalmente Sano. *M. B. Janssen*
Tu Cuerpo y sus Secretos. *Jocelyne Cooke*
Tu Rostro y sus Secretos. *Jocelyne Cooke*
Tus Lunares, ¿qué expresan? *Pietro Santini*
Tus Pies. Su Cuidado Natural. *S. Tourles*
Un Arte de Ver. *Aldous Huxley*
365 Maneras de Energetizar tu Cuerpo, Mente y Alma
365 Formas para Relajar tu Mente, Cuerpo y Espíritu
50 Maneras de Mimarte
50 Maneras de Mimar a tu Bebé

Impreso en los talleres de
Trabajos Manuales Escolares
Oriente 142 No. 216
Col. Moctezuma 2a. Secc.
Tels. 784-1811 y 784-1144
México D. F.